KB253890

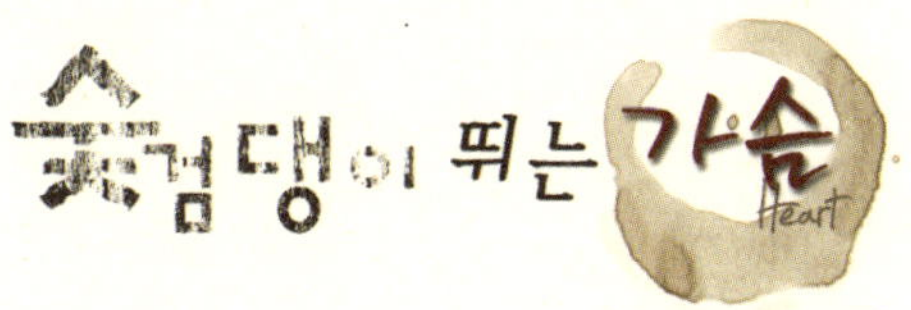

숯검댕이 뛰는 가슴

초판 1쇄 인쇄 2010년 10월 22일
초판 2쇄 인쇄 2010년 11월 11일

지은이 지정범
기 획 오현정
디자인 김미현
포토그래퍼 윤정혁
교정·교열 오현정, 강지은

제 작 이재석
펴낸곳 백신미니스트리   등록번호 25100-2010-000068
주소 서울시 송파구 송파동 94-17
전화번호 010-7568-9865

홈페이지 미투데이 http://me2day.net/backseen
         네이버카페 http://cafe.naver.com/backseen
트위터(#백신당) @ohsee5

ISBN: 978-89-965103-0-7 03230
책값 12,000원

*잘못된 책은 바꾸어드립니다.

뛰어오르고 싶은 가슴들에게

꽃겨대이
뛰는
가슴 Heart
Always wanting to sing hope
지정범 지음

[part1]
울고 싶은 마음에게

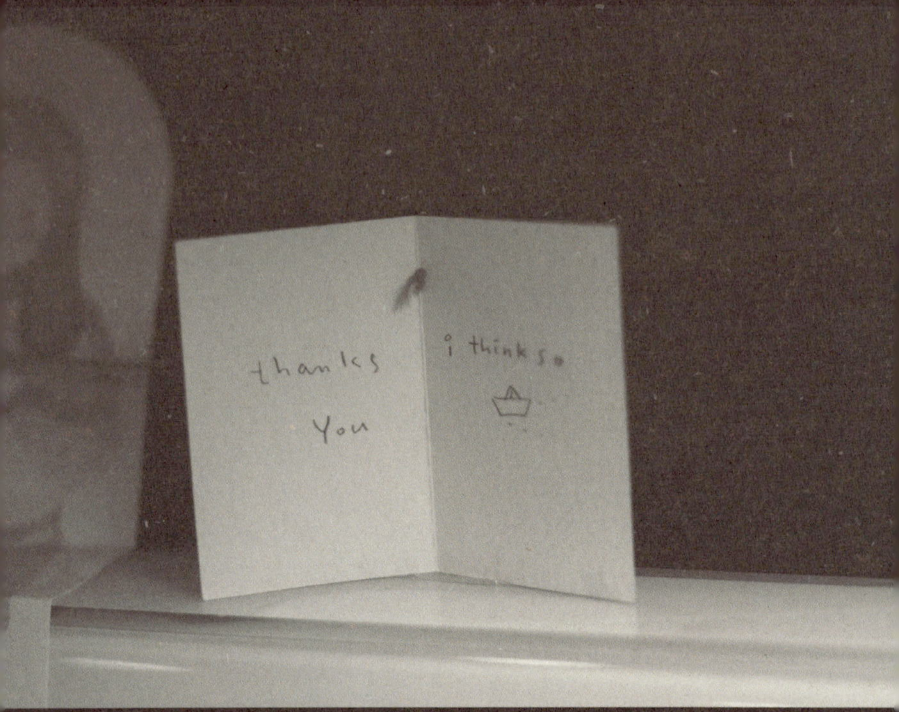

[part2]

웃고 싶은 마음에게

BUS

[part3]

희망을 노래하고픈
마음에게

Always wanting *to* cry

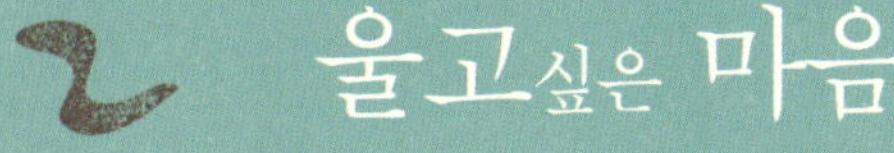

울고싶은 마음에게

후반전

"공부 좀 해라, 하려면 미친 듯이 해라.

그게 싫으면 시를 써라, 쓰려면 미친 듯이 써라

그것도 싫으면 공을 차라, 차려면 미친 듯이 차라

그것도 싫으면, 나가서 죽어 버려라!!"

그때 그 시절.

미친 녀석 소리를 훈장처럼 가슴에 새기던 시절.

아픔이 없는 아름다움은 아름다움도 아니라 큰소리쳐 놓고는,

풀잎 이슬 방울에 그만 남모르게 사치 같은 울음 흘리던 시절.

폭풍처럼 인생을 열며, 땅도 후벼 보고 하늘도 저어 보던 그 시절이

있었습니다.

저는 기계공학을 전공한 엔지니어입니다.

"공대생 연애는 삼각함수 연앤데, 붙기만 붙으면 삼각관계 되더라.
에헤야 가다 못 가면 에헤야 쉬었다 가지,
호박같이 둥근 세상 둥글둥글 삽시다"

공과대학 주제가(?)를 구성지게 불러 대던 친구는
가장 먼저 둥글둥글 복스러운 여자 애와 덜컥 결혼을 했지요.

해 없는 무지개가 없듯, 비 없는 무지개도 없어,
비바람에 내달리던 까마득한 추억의 언덕 뒤로
봄 여름 가을 겨울, 삶과 꿈의 사계절 사색 무지개.
생각해 보니 그렇게 까마득히 달려왔네요.
그때 그 시절이 어제 같은데.

세상에서 가장 소중한 변화는
계절의 변화 같은 사람 내면의 변화라는데,
저의 영혼에 찾아오곤 했던 화사한 봄날들을 기억합니다.
그리고 그때마다 젖은 목련의 뒤척임 같았던 몸살들을 기억합니다.
2루 진루를 위해 1루에서 발을 떼어야 했던 주자의 아픔,
가슴 조이며 흘려 대었던 흙땀자국이 곳곳에 아직도 선명합니다.

그러다가 엔지니어의 삶을 시작하던 때, 그러니까 그때 그만,

지금 생각하면 얼마나 낯부끄러운 당돌함이었는지요.

그리고 한 세월, 이제 저는 인생의 후반전을 달리고 있습니다.
가슴 한 편엔 뜨거운 소망이, 그리고 한 편엔
삶에 지친 차가운 무력감이,
엎치락뒤치락 정말 치열하게도 싸워 대는데,
또 한 번의 봄맞이 몸살을 지나는 듯한 기도가 떠듬떠듬, 그러니까,

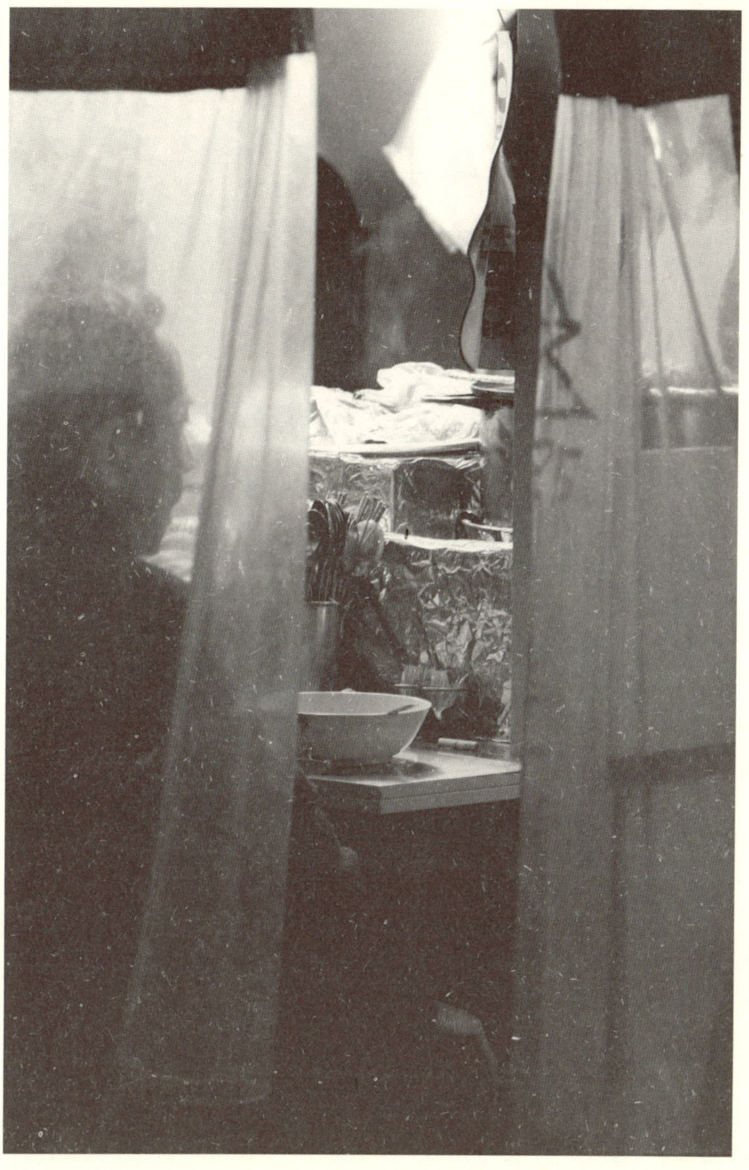

조급함
그리고 소홀함.

얼어붙도록 추운 겨울 어느 깊은 밤,

워싱턴 주택가 외진 곳에 버스가 섰습니다.

이를 덜덜 부딪치며 승객 한 분이 버스에 올라타며 말했다지요.

"만일 당신이 일 분만 늦게 왔다면 나는 얼어 죽었을 거요"

그 말을 마치자마자 바닥에 쓰러져 그만 죽고 말았다는

슬픈 이야기.

정말 우리는 한 치 앞을 알지 못하며 살아갑니다.

그러면서도 고집스럽게 우리를 잘못으로 이끄는
두 가지 마음이 있습니다.
조급함 그리고 소홀함.
조급함으로 인간은 낙원에서 쫓겨났고,
소홀함 때문에 낙원에 되돌아가지 못해요.
그리고 다른 모든 죄악들은 여기에서 시작되지요.

우리 모두 비록 많이 부족하고, 비록 온전하지 못하다지만
완전해서가 아니라 목표를 그리 정해서
좀 더 고민하며 좀 더 노력해요.

"악하고 무능한 종아…."

그런 주님의 책망은 어디에도 없습니다.

"악하고 게으른 종아…."

애쓰지 않는 소홀함의 게으른 모습을
그분은 정말 속상해하셨지요.

세 딸 중에 제가 누구를 가장 사랑하는지 아세요?

말 잘 듣는 아이? 공부 잘하는 아이?
누구든 부모라면 아마도 쉽게 짐작하시겠지요.

한 아이가 몸이 아파 힘들어할 때, 그 순간 저는 그 아이를 가장
사랑합니다.
또 다른 아이가 힘들어 가장 약해져 있을 때, 그 아이 생각을
하루 종일 하지요.

비록 온전하지 못해, 부족한 모습에 끙끙 몸살을 앓는다 해도
주님이 가장 필요해 주님을 가장 찾고 있을 때,
그때 주님은 가장 가까이 우리 옆에 계십니다.

일어나 힘을 얻으며, 일어나 다시 걷기를 바라시는 마음으로,
「동의보감」에 나오는 못 고치는 병 여섯 가지 중에

마지막 한 가지는 의사의 진단을 믿지 못하는 사람의 병이라지요.
그래요, 정말 다른 것 다 스스로의 부족함을 탓하며 실망한다 해도
우리를 포기치 않으시는 그분의 사랑을 끝내 포기하지는 말아요.
약해져 병들어 그분이 필요할 때, 그때를 위해 그분이 오셨거든요.

악에 대한 두려움은 선을 의심하는 한 가지 방법이지요.
조급함은 자꾸 어둠과 절망의 악에 빠지게 하고
소홀함은 소망과 믿음의 선을 가로막아 체념하게 만드는데
소망의 인내가 조급함을 물리치고,
믿음의 역사가 소홀함을 극복하면,

그때 하늘의 사랑이 낙원에서처럼 승리의 깃발을 높여 날리지요.
그 깃발 같이 한 번 찾아보지 않으실래요?

미련의 막대기

한 청년이 삼거리에서 막대기를 던집니다.

"이봐요, 왜 그렇게 막대기를 던지는 겁니까?"
"어디로 가야 할지 몰라서, 막대기가 쓰러지는 쪽으로 가려고요."
"그런데 왜 아까부터 계속 던지고만 있습니까?"
"자꾸 던져도 막대기가 원하는 쪽으로 쓰러지지 않아서요."

아아, 벗어나려 버둥대며 벗어나지 못하는
고집스러운 자기중심의 본성―.

CAUTION!
올라가면
위험합니다

옳고 그름을 분별하여 알게 한다는 선악의 나무,
선악과가 있었지요.

"세상 나무 실과는 다 먹되, 이것만은 따 먹지 말아 주겠니?"
"그래, 그것만은 부디 나에게 맡겨 다오."

그 신뢰의 끈으로 신과 인간의 마음을 붙들어 매려
간곡히 당부했건만
스스로 분별하여 신처럼 되리라
끝내 배반을 선택한 우리들 인간의 원죄-.

정말 강하면서 정말 약한 것이 사람입니다.
정말 옳으면서 그르고, 정말 지혜롭고 어리석으며
산처럼 크다가도 바람처럼 허허로운 것이 사람이지요.
남을 위할 줄 아는 것도 사람이고,
자기밖에 모르는 것도 사람입니다.
그 모순의 공간에 원죄와 은총, 욕망과 소망,
이기와 사랑의 충돌이 있는데,
그것을 푸는 열쇠는 스스로 풀 수 없음을 인정할 때
비로소 찾아집니다.

잘 돌아가던 기계에 문제가 생겼습니다.

작업자는 하루 종일 최선을 다했지만

완전히 기계를 망가뜨려 놓았지요.

작업반장이 놀라 쫓아와 나무라며 말했습니다.

"너의 최선은 고치는 게 아니라 문제 발생 후

바로 나에게 오는 것이었어!"

지혜의 한계를 알지 않고는 지혜의 힘을 올바로 얻지 못하지요.

능력의 한계를 알지 않고는 능력의 힘을 제대로 쓰지 못합니다.

사람의 한계를 알지 않고는 사람다운 사람의 삶을 살 수 없어요.

진정한 겸손은 스스로를 비천하게 여기는 게 아닙니다.

다만 자신의 위치를 정확하게 파악하는 것이지요.

내가 할 수 있는 것은 정말 아무것도 없다고 말하는 게 아니라,

내가 할 수 없는 정확한 부분을 헤아려 고백하는 것이

곧 겸손의 마음일 텐데.

이것은 스스로 할 수 없구나, 알 수 없구나,

겸손의 마음을 갖는 듯하면서도

우리는 왜 자꾸 미련의 막대기만 던지며

하늘의 뜻을 보지 못하지?

만족

프랑스에 자케퐁이라는 천만장자가 살았습니다.

금리 조정에 따른 주가 폭락으로

재산이 그만 백분의 일로 줄고 말자,

충격으로 의자에서 쓰러져 사망하고 말았답니다.

유일한 법정 상속인인 조카는 가난한 점원으로

평생 몇 천 불도 만져 보지 못했는데,

갑자기 상속 소식을 듣고는 그 액수에 놀라서

심장마비로 사망했다는 군요.

사람들은 끝도 없이 무언가의 만족을 추구하며 살아가는데

그 만족이라는 것이 사실, 정체가 묘연합니다.

에덴동산 낙원에서 사탄은 바로 인간의 그 취약한 곳을

집중 공격했지요.

'너도 하나님처럼 되리라….'
밑도 끝도 없는 바로 그 허영의 아킬레스!

락앤롤의 황제 엘비스 프레슬리.
보통 사람처럼 평온하게 일주일을 살게 해 준다면 100만 불을
주겠다고 하고서는 그 일주일 후에 불안과 두려움에 묻혀 사망
하고 말았지요.
인류 역사상 최고의 재능을 자랑했던 신동 중의 신동 모차르트.
그도 그만 회복 불능의 실패감, 좌절감, 상실감에 빠져 죽음에
이르고 맙니다.

우리를 지으신 분은 그분의 채워짐을 통해서만 힘을 얻도록
인간을 지으셨는데,
인간은 꼭 엉뚱한 연료를 채워서 에너지를 만들려고 하지요.
연료가 부족해서 그런가?
다시 또 가득가득 채워 보지만,
허겁지겁 채우고 채울수록 목마름만 더해 가는 끝없는
허영의 항아리.

시각장애인 강영우 박사.
아이가 어릴 적에 아빠 눈 좀 뜨게 해 달라고 기도를 했었답니다.

"우리 아빠 눈 떠서 운전도 하고, 함께 야구도 하게 해주세요."
그때 아이에게 조용히 다가가 말해 줬다는군요.

"애야, 너는 불 끄고 자기 전에 아빠가 책을 읽어 줄 수 있지 않니?"
이 아이 나중에 하버드대학교에 '아빠가 읽어 준 책' 이라는
논술로 합격을 얻습니다.
"잠들기 전 어둠 속에서 아빠가 읽어 준 책이 꿈과 상상력을 키
워 줬지요. 맹인인 아빠가 저에게 보아야 할 것을 제대로 볼 수
있도록 인도해 주셨습니다."

올바른 삶은 겸손함 속에서 자기의 만족을 조절할 줄 알지만,
올바르지 않은 삶은 잘못된 만족에 자꾸 조절당하며 살아갑니다.
올바로 만족할 줄 안다는 것은 올바른 꿈, 올바른 목표를 가진다
는 것이지요.

허영의 눈이 올바른 삶의 목표를 가물가물 흐려 놓으면
만족이라는 단어는 그때로부터 그만 정체불명의
신기루가 되고 말아요.
정말 소중한 것들을 담아 놓을 그릇은 산산조각 깨어져 부서진 채로
그만-.

소용 있는 일

이등병 때 참을 인자 인을 배우고
일등병 때 어질 인자 인을 배우고
상병이 되면 베풀 인자 인을 배우고
병장이 되어서 사람 인자 인을 배운다지요.

빗발치는 총탄과 폭격 속에서 한 이등병이 쓰러졌습니다.
참호 속에서 분대장인 병장이 놀라 뛰어나가려고 하지만
소대장의 강력한 만류.
"안 돼 소용없다 분대장, 안 돼!"
그러나 소대장도 뛰어나가는 고참 병장을 정작 붙잡지 못합니다.

작전을 수행하는 임무만 아니었다면
자신이 먼저 뛰어갔을 것입니다.

두 시간도 넘어서야 겨우겨우 돌아온 우리의 분대장,
흙범벅 피범벅이 된 그에 등에는
그러나 이등병이 죽은 채 업혀 있었습니다 .
목메인 소대장이 꾸짖어 봅니다,
"소용없다고 했잖아. 어쩔 수 없었어. 정말."
병장은 눈물지으며 조용히 고개를 저었습니다.
그가 마지막 죽기 전에 한 말 때문에 그것은 소용 '있는' 일이었
다고 대답합니다.

"고마워요 병장님, 당신이 올 것이라고 믿었지요."

도대체 어떤 일이 우리에게 소용 있는 일들일까요?
어떤 누군가가 그러리라 믿어 줄 때,
그렇게 그 모습으로 서 있는 것의 값은 얼마일까요?

그것을 그리워하면서, 어리석다 하는 것이 세상이지요.

13
ZOA

선수 구함

봉달이 이봉주 선수의 마라톤 기록은 2시간 7분 20초.
100미터 기록으로 나누면 18.1초네요.
저도 옛날에 옛날에 빠를 때는 100미터를 12초에도 뛰었었는
데, 이봉주의 기록이 18.1초라니….

인생의 마라톤 경주에서, 우리가 곧잘 하는 실수들이 있습니다.
100미터 실력을 그대로 마라톤 실력으로 견주어 대면서
18초로 뛰는 사람들 실력 없다 비웃기도 하고
12초로 뛸 수 있는데 뛰지 못한다 자신을 향한 끊임없는
자책도 합니다.
인생이 100미터 경주라면 속도가 실력입니다.
인생을 마라톤 경주라고 한다면 실력의 정의는 달라지지요.

혹 넘어지고, 혹 운동화 끈을 다시 매더라도
가야 할 길만 생각하면서 할 수 있다는 생각만으로 끝까지
페이스를 조절하는 것!

보스톤마라톤대회에서 이봉주 선수가 우승했을 때 기자들이
물었습니다.

봉달이는 달릴 때 무슨 생각을 하나요?
가족 생각? 휴식 생각? 상금 생각?

아이구 세상에!
오직 달리기만 생각했다는군요!
지금 페이스가 괜찮을까?
상대는 지쳤을까?
물을 언제 마실까?
언제 뛰어나갈까?
그리고는 골인 지점에 가서야 밀물처럼 가족들 얼굴이 떠올랐다니….

짝발에 평발, 눈꺼풀이 없어 땀이 눈에 파고드는
부적합 마라토너 봉달이!
한 대회를 뛰려면 40여 일간 2000km는 뛰어야 한다는데

황영조가 여덟 번 했다는 완주를 마흔한 번을 해냈다는,
누가 힘드냐고 물으면 배시시 한 번 웃고 만다는,
요즘 컨디션이 어떠냐고 물으면 "그냐앙–" 이라 대답하고는
그것으로 그만이라는 봉달이 봉달이….

마라톤 선수 봉달이를 찾습니다.
자신의 부적합한 조건이 속상하고 괴로울지 모릅니다.
그래도 한 가지만 생각하며 달려 줄 봉달이를 찾습니다.
믿음의 길, 소망의 길, 사랑의 길–.
누가 힘드냐고 물으면 배시시 한 번 웃고 다시 달려 줄
봉달이를 찾습니다.

쉽게 생각하고, 쉽게 얘기하고, 쉽게 결정하고, 쉽게 단념하고–.
그렇게 모두들 편리함과 순발력의 속도를 자랑할 때
여전히 그 길을 달려 줄 봉달이, 봉달이를 찾습니다.

어제나 오늘이나 영원토록 동일하신 그분 때문에(히 13:8)
변함도 없으시고 회전하는 그림자도 없으신 그분을 위해(약
1:17) 한 가지만 생각하며 끝까지 달려 줄
봉달이를 찾습니다.

생명나무

지식은 한 줄기 샘물과도 같습니다.

각자의 분량껏 파 놓은 샘터에서

필요할 때마다 자신과 서로를 위해 마시고 마시게 하는 유익한 샘물.

그것은 맑거나 탁할 수도, 깊거나 얕을 수도 있을 것이나

깊은 샘에서 퍼낸 맑디맑은 샘물의 그 상쾌함이란-!

지식과 달라 지성은 한 마리 카나리아와 같습니다.

탄광에서 질식사 방지를 위해

슬기로운 광부들이 위험 감지용으로 사용했던

카나리아의 예민한 심장.

조금씩 무뎌지고 길들여져 흘러가는 일상의 삶 속에서
그의 예민한 감각의 날개가 푸드득 신호음을 내며 외칩니다.
흙 속에 감춰진 진주를 보라고, 장미에 감춰진 가시를 보라고—.

지성과 달라 지혜는 한 그루 생명나무와 같습니다.

'지혜는 그 얻는 자에게 생명 나무라 지혜를 가진 자는 복되도
다'(잠 3:18).

생명의 지혜처럼 참 지혜가 또 어디에 있을까요.
겨울이 길다고 투정하지 않습니다.
비는 왜 이리 쏟아지냐고, 밤은 왜 이리 기냐고 투정하지 않습니다.
그러고는 때를 좇아 이파리와 꽃과 열매를 맺어 내는 생명의 지혜.
결코 꺼들대지도 않되 구차하지도 않은 그 깊음이여—.
그 꿋꿋함이여—.

생명의 지혜처럼 참 지혜는 없습니다.
수천 톤의 쌀이라도 돌 하나 이곳에서 저곳으로
움직이지 못하지요.
생명은 죽어 있는 영양분을 모아 힘과 운동을 얻게 합니다.
그 생명의 근원에 지혜가 있고, 그 지혜의 근원에 생명이 있는데

그 생명도 그 지혜도 결국 근원은 하늘과 땅의 주인이신 바로
'그분' 입니다.

'또 그가 수정같이 맑은 생명수의 강을 내게 보이니 하나님과 및
어린양의 보좌로부터 나와서 길 가운데로 흐르더라 강 좌우에
생명나무가 있어 열두 가지 실과를 맺되 달마다 그 열매를 맺고
그 나무 잎사귀들은 만국을 치료하기 위해 있더라' (계 22:1-2).

생명이 없는 모든 영양소는 결국 죽어 있는 것입니다.
생명의 뜻을 찾지 못한 지식의 샘은 끝없는 허영의 목마름으로
생명의 빛을 잃은 지성의 날개는 길 잃은 철새의 공허한 울음으로
어둠에서 태어나 어둠으로 사라질 뿐입니다.

'그런즉 너희가 어떻게 행할지를 자세히 주의하여 지혜 없는 자
같이 하지 말고 지혜 있는 자같이 하여 세월을 아끼라 때가 악하
니라' (엡 5:15-16).

상수의 사랑

Mr. '흙'은 좋은 사람입니다.

Ms. '비'도 너무나 훌륭하지요.

따로 있을 때는 너무나들 좋은데, 둘이 만나면 흙탕물이 됩니다.

관계의 어려움을 말하는 것이지요.

좋은 마음과 좋은 마음이 만나서도 그것을 나누기가

쉽지 않은 것이 사람들 마음인데

좋은 마음으로만 살기는 또 얼마나 어려운가요.

대립과 갈등, 의혹과 분노, 실망과 상처.

X는 상수가 되기로 했습니다.

Y는 여전히 변수–.

X와 Y가 만나 $(X+Y)$를 만들면 Y는 항상 X를 이용합니다.

X값을 아니까 자신의 Y값을 조정하여
원하는 답을 만들어 가지요.

이 사람, 그 자리에 있어야 된다고 생각하면
항상 그 자리에 있어 주는 사람.
이 사람은 상수입니다.
그래도 그 사람은 그럴 거라고 생각하면
역시 그런 모습으로 우뚝 서 있는 사람.
그 사람이 상수입니다.

사람들은 상수보다 변수로 남고 싶어합니다.
혹 이용당하기도 싫고, 혹 손해 보기도 싫기에
그래서 관계의 방정식은 갈수록 복잡해만 가고
더 복잡한 변수들이 되어 갑니다.

상수가 상수로 남아 있는 이유는 한 가지입니다.
우리들 인생의 주인이신 주님이 우리의 상수시기에.
항상 변함없으시기에.
내가 어떤 모습과 상태라 해도
전혀 상관치 않으시기에.
그분의 약속은 항상, 언제나 항상, 상수이기에—

결국

그것만이 관계의 방정식을 풀 수 있답니다.

서로가 서로에게 상수가 되어 모자라고 남는 값을

보태고 빼면서 함께 답을 만들어 가는….

상수가 끝까지 상수로 남아야 변수가 오해를 풀고 납득을 하지요.

그래서 상수가 상수로 남는 것은 변수를 사랑하고 모두를

사랑하기 때문입니다.

변수끼리 억지로 답을 풀어 보았자

그다음의 문제는 더욱 치열하게 엉키는 실타래가 되기 때문이지요.

남들의 모습이 보이면, 우리의 모습이 보입니다.

주님의 모습이 보이면, 우리의 가야 할 모습이 보입니다 .

사랑하기 때문에

보들레르의 시 한 구절.

Sometimes I love you.

Sometimes I hate you.

It's because I love you.

때로 나는 당신을 사랑합니다.

때로 나는 당신을 미워합니다.

그것은 바로 당신을 사랑하기 때문입니다.

사랑 때문에 품어지는 원망이 있습니다.

사랑 때문에 만나지는 아픔이 있습니다.

사랑 때문에 쏟아지는 슬픔이 있습니다.

그 원망, 아픔, 슬픔을 무릅쓰지 못하는 사랑은 무늬만 사랑입니다.

누군가를 향한 사랑,

세상을 향한 사랑,

신을 향한 사랑 모두 그렇습니다.

사랑을 사랑다운 사랑으로 간직하지 못하는 것은

지나친 욕심이 사랑을, 사랑 이상의 모습으로

자꾸 왜곡하기 때문입니다.

사랑에 욕심이 물들면 사랑의 공간은

조금씩 욕망으로 채워져 가는데,

사랑에서 한 번 욕망이 되면 욕망에서 사랑으로 돌아오기는

정말 힘들어집니다.

사랑한다는 것은 돌려받지 못할 위험을 무릅쓰는 것입니다.

사랑이란 채우려 애쓸 때 느끼는 불행이며

서로 이해하며 채워질 때 느끼는 행복이고

그대로만 함께할 수 없을 때 느끼는 쓸쓸한 고통입니다.

그래서 사랑에는 갈망과 두려움이 있고,

그것에 맞서는 용기가 있습니다.

사랑받지 못하는 것보다 사랑할 수 없다는 것은

더욱더 큰 슬픔입니다.

세상의 상처로부터 보호받고 싶을 때 사람들은

마음에 벽을 쌓지만,

그 벽은 세상으로 나아가는 길을 막아서는 것일 뿐….

사랑하지 않음이 사랑했다 잃음보다 결코 나을 수 없습니다.

사랑의 상처를 치유하는 방법은 조금씩 더 사랑하는 것입니다.

누군가를 향한 사랑,

세상을 향한 사랑,

신을 향한 사랑,

모두 그렇습니다.

사랑하기 때문에 찾아드는 원망과 아픔과 슬픔들.

작은 사랑은 그로 인해 엷어지지만

큰 사랑은 그로 인해 더욱 강해집니다.

그래서 모든 사랑에는 갈망과 두려움이 있고,

그것에 맞서는 용기가 있습니다.

함께 가는 길

동물나라에 학습 열풍이 불었답니다.

공부 공부! 배워야 산다!

원로들이 모여 동물나라에 필요한 학과목을 정합니다.

달리기, 수영, 나무 오르기….

오리는 수영이 A학점인데 달리기가 항상 간당간당~
피나는 노력 끝에 낙제는 면했지만,
달리기 연습하느라 물갈퀴가 다 헤어졌네요.

그래도 수영은 아직 남들에 뒤지지 않으니 안심이라고.

토끼는 나무 오르기가 걱정입니다.
다람쥐에게 사정사정해서 열심히 배우는데,
번번히 굴러떨어지니 선생님 볼 면목이 없습니다.
동물나라에서 살려면 꼭 필요하다고들 그러는데….

다람쥐는 수영 시간만 되면
짧은 앞발과 긴 꼬리를 주체할 수 없습니다.
이렇게 낳아 준 부모님도 미안하신지
비싼 수영 과외를 두 개나 보내 주시지만 어휴, 어휴~.

우리는 모두 서로 다른 아픔들을 품고 삽니다.
잘하는 것도 너무나 다르고 잘 못하는 것들도 너무나 다릅니다.
삐죽 빼죽 서로의 어긋난 모습들이 부딪치고 깨어지고,
그래서 우리들의 세상은 너무나 힘들게만 다가오는데….

드는 힘을 채우고도 남는 나눔의 마술이 있습니다.
건물의 기둥들이 나란히 서야 하듯,
우리는 한 가지 소망을 향해 나란히 섭니다.
그리고, 건물의 기둥들이 각자의 자리를 지켜야 하듯,

 숯검댕이 뛰는 가슴

우리는 그렇게 각자의 모습들을 지키며 살아갑니다.

몸이 아픈 나는 맘이 아픈 당신을 생각합니다.

격려의 끈으로 하나가 되어

내가 자장면이 먹고 싶을 때,

짬뽕이 먹고 싶은 당신을 기억합니다.

그래서 손잡고 중국집으로.

우리는 서로들 너무나 다릅니다.

생각도 모습도 환경도 고민도 장점도 단점도.

그저 비교하고 그저 평가하는 세상 풍습에 묻혀

소중한 조화의 축복이 원망과 낙담의 한숨으로 타들어 갈 때면,

왠지 자꾸만 동물나라 슬픈 우화가 생각나

가슴도 자꾸만 타들어 갑니다.

할 수 있는데, 함께 갈 수 있는데….

부족하고 남는 모퉁이들이 열쇠처럼 자리를 맞추면

와아!

다시 돌아오는 아름다움과 조화의 세계!

퍼즐 맞추기

인생을 놓고 그리는 그림이 있습니다.

이 그림은 퍼즐 맞추기.

조각들로 채워집니다.

선택의 시간과 기회들이 조각으로 찾아오기 때문이지요.

빨주노초파남보 .

그림에 어울리는 조각들은 신이 납니다.

뒤집어 돌려 보고, 옆으로 세워 보고,

한 조각씩 맞춰지면 이것이 행복입니다.

그러다 그만, 새까만 조각을 집어 듭니다.

“이건 내 그림에 어울리지 않아~”

속상한 마음에 그냥 던져 버리는데, 그렇게 문제는 시작됩니다.

얼추 맞춰진 그림을 완성해야 하는데,
주인공의 까만 머리를 채울 수가 없습니다.
부엌에는 솥뚜껑이 없으니 그림이 엉망입니다.

행복한 인생.
행복에는 이응도 비읍도 있어야 하는데
'바보'의 비읍이 생각나 비읍을 빼 버리니
'행복'이 써지지가 않는걸….

때로 우리들의 인생길,
고통과 슬픔, 아픔과 실패의 검은 조각들이 들려지지요.
너무 힘들면 옆에 내려놓고 다른 것부터 맞춰 보세요.
이건 도무지 아니라며 멀리 던져 버리지 말고요.

그것이 아니면 채울 수 없는 짝 맞추기 그림들,
그것들이 모여 우리들 인생의 큰 그림이 그려지는데.
그 그림을 완성하는 실력이 진짜 인생의 실력이지요.

특별한 날들

여자는 울음을 눈물로 토하고
남자는 울음을 가슴으로 삼킨다는데
가슴으로 삼키지 못하는 슬픔이 있어.

에이~ 그게 뭐냐고 흉보지 말아 줄래요?

좋은 생각, 가끔씩 가져 보지 않는 사람은 없어요.
다만 그것이 계속되지 않는 것이 문제일 뿐인데
어제 맨 끈은 오늘 느슨해지기 쉽고
오늘 허술한 끈은 내일 풀어지기 쉬워
다시 여며야 할 끈가닥이 오늘도 한 아름인데.

무엇을 위해 어떻게 살아가고 있는가요, 우리는….
손가락 하나 까딱, 손해 보려 들지 않는 완고함에
자꾸 짧아져만 가는 것 같아 아쉬운 소견머리에
정체도 없이 우리를 부르는 마지막 충족의 끝은?

언젠가 읽었던 슬픈 이야기 하나–.
특별한 날을 위해 아무것도 아끼지 말아
살아 있는 모든 날이 특별한 날이니까.

형부가 언니의 슬립을 꺼내 장의사에게 가져갈 유품을 꾸리면서 하는 말–

"이것은 언니가 8년 전에 산 거야.
한 번도 안 입고 특별한 날을 위해 보관만 하고 있었지.
이제 그 특별한 날이 온 거야 …."

무엇을 위하며
무엇을 기다리며
우리는 우리의 소중한 것들을 유보만 하고 사는가요?
나중에 언젠가는 좋은 일들 많이 할 수 있으리라고,
그때만 되면 충실하고 멋진 하늘의 일꾼이 되어 있을 거라고,

그러면서 당장은
눈은 장님에, 귀는 귀머거리에,
그래요, 손가락 마디 하나 까딱하기 싫어하는 완고함….

그럴 듯한 이유 하나 찾아 놓고 내일, 내일, 내일만 이야기하지요.
자만, 아니면 낙망-.
오늘 눈앞의 당신을 끌어안지 못하면서
먼 훗날 어딘가의 '그들'을 품어대는 자만의 허풍쟁이!
그것도 아니면
아직 오지 않은 내일의 무언가를 핑계로
오늘을 절망에 던져 버리는 낙심쟁이!

오늘은 감기 몸살에 독한 약 지어 먹고,
가슴에 묻지 못한 아득한 슬픔에 스르르 빠져 돌아보고
또 돌아봅니다.

'아마도 독한 약 기운 탓일 거야-'

누가 뭐랄까.
약봉지 슬쩍 손에 움켜쥐고는….

ELIEID
30,5 x 25,4cm
100

침몰선

배가 물을 떠나서도 안 되지만
물에 잠겨서는 더더욱 안 되지요.
믿음과 소망의 삶은 세상을 떠나서도 안 되지만
세상에 잠겨서도 안 되지요.

공장에만 있는 배가 우스운 것처럼
잠겨 버린 배도 너무나 슬프잖아요.

물 위의 나와 물 속의 내가 있습니다.
물길을 달리며 소망을 좇다가

물에 잠긴 채 숨 방울만 뻐끔뻐끔 내쉬는….

물 위의 나는 구름 위의 태양에서 소망을 보는데
물속의 나는 구름의 그늘에서 절망만 찾아냅니다.

물 위의 나는 넘어지면 일어나 앞을 보는데
물속의 나는 넘어지면 주저앉아 뒤만 보지요.
물 위의 나는 믿음의 증거들을 노래하며 외치는데
물속의 나는 의혹의 시선이 마치 날카로운 형사의 눈빛—.

물 위의 나는 부지런하면서 여유로운데
물속의 나는 게으르면서 항상 바쁘고

물 위의 나는 스스로의 잘못을 돌아보지만
물속의 나는 끊임없이 상대를 탓하며

'너 때문이야 너 때문이야—.'

물 위의 나는 주는 사랑을 찾는데
물속의 나는 받는 사랑만 찾고

물 위의 나는 하늘의 기쁨을 저축하는데
물속의 나는 나의 기쁨을 탕진할 뿐-.

물 위의 나를 물속의 나로 빠뜨려 가면서,
"나는 힘차게 공장을 떠나왔잖아.
배는 물에 있을 때가 진정 배인 것이지-."

물속에 잠겨 가는 것도 차마 모른 채 중얼중얼 중얼중얼….

'그래서 가끔씩 소망의 옷자락의 그림자 끝의 흔적을 만났지-'

소망이 아니라 소망의 옷자락의 그림자 끝의 흔적을.

"그런데 있지! 물보라, 돌고래, 해초, 갈매기는 정말 우와!"

물속에 잠겨 가는 것도 차마 모른 채-.

이런 이런
슬픈 기쁨을 보는 것은
정말 슬픈 슬픔이지요.

전염병

데일 카네기는 성공한 사업가지요.

미국의 불황기에 그런 그도 큰 실패를 경험했었답니다.

죽음을 결심하고 집을 나선 그를 한 남자가 불렀답니다.

"선생님, 연필 몇 자루만 사 주세요!"

돌아보니 바퀴 달린 판자 위에 두 다리 잃은 사내가 서(?) 있습니다.

지폐 한 장 꺼내 주고 말없이 강을 향해 가려는데

"선생님, 연필 가져 가셔야지요"

"아니오, 나는 더 이상 연필이 필요 없거든요"

그런데 이 사내…. 바퀴 달린 판자를 끙끙 밀고 기어이 쫓아와서는

"선생님, 꼭 그러시면 이 돈도 가져가세요"

힘겹게 쫓아왔지만 여전히 밝게 웃는 미소를 보며
결국 연필을 받아들고는 자살을 포기했다네요.

인생을 살아가는 방법에는 두 가지의 철학이 있습니다.
조화의 철학과 지배의 철학!
조화의 철학은 당신의 살아남이 나의 살아남이 되는 것이요.
지배의 철학은 당신의 죽음이 나의 살아남이 되는 것.

그만 주저앉을 듯 비틀비틀 휘청대던 한 영혼이,
어느 날 문득 일어서며 말합니다.

"주님 죄송해요, 잘할게요. 도와주세요!"

이럴 때, 출렁이는 설렘의 파도를 보셨나요?
"우와! 주님, 기쁘시지요? 저도요 주님, 저도요!"

한 영혼이 힘을 얻으면 다섯 배, 열 배의 힘이
물결로 퍼지는 신비의 조화!

전염병… 그래요 전염병….
방역 불능의 제일종 전염 바이러스!

도를 아는 사람이 산에 살면 도인이 되지만
도를 모르는 사람이 산에 살면 나무꾼이 되고 말듯,
소망을 모르는 사람에게 실패와 고통은 슬픔일 뿐이지만
소망을 아는 사람에게 그것은 도약과 나눔의 소중한 뜀틀대!

당신이 서면 나도 힘을 얻어 함께 서지요.
당신이 뛰면 우리 모두 힘을 얻어 함께 뜁니다.
소망의 바이러스―.

때론 힘들고 때론 주저앉고만 싶은
우리들 삶과 소망의 긴 나그네 여정에서
누군가의 일어섬이 누군가를 일으키고
또 서로가 일어서고 일으키는 전염병 환자들.
끝없이 돌고 돌아 여전히 돌고 도는 소망의 바이러스….

작은 비석

로마 황제 평균 수명 35세-.

중국 왕들 평균 수명 39.2세-.

조선 시대 왕들 평균 수명 43.3세-.

화려한 명예와 영광도 순간일 뿐인데,

무엇을 위해 살다가 무엇을 남기고 떠나가는 삶인가요?

고 장기려 님의 비문-.

1909년 평북 용천에서 태어나 1995년 서울에서 소천한 장기려

모든 것을 가난한 이웃에게 베풀고

자기를 위해서는 아무것도 남기지 않은

선량한 부산 시민, 의사, 크리스천

이곳 모란공원에 잠들다.

메리언이라는 헝가리 귀족의 딸이 있었지요.

그녀의 꿈은 이 땅에서 가장 아름다운 여인이 되는 것.

그리고 최고의 권력을 누리는 여왕이 되는 것이었대요.

헐리우드 영화 감독과의 화려한 결혼, 그리고 이혼.
파리에서 사교계 여왕으로 돈과 권력을 얻은 새로운 인생.
그러다 어느 날 슈바이처 박사의 강연을 듣게 됩니다.

"당신의 삶은 섬김을 받고자 하는 삶입니까?
아니면 섬기고자 하는 삶입니까?
우리의 삶은 사실 이 하나의 질문에 달려 있습니다."

충격의 고민 끝에 그녀는 아프리카 간호보조원으로 지원해
섬김의 삶을 살게 되지요.
온갖 허드렛일에 팔 걷어붙이고 헌신하다가,
아프리카 병원에 작은 비석 하나 남기고 떠나갑니다.

모든 것을 바쳐 이웃을 섬겼던 하나님의 딸 메리언-.
명예와 영광, 힘과 권력도 순간일 뿐인데
무엇을 위해 살다가 무엇을 남기고 떠나가는 삶인가요?
설마… 혹시…

'모든 것을 모아 자신의 만족을 채웠던 흙 한 줌.'

에이구 설마…

이보게
사탄

이보게 사탄~!

이제 그만 좀 하소.

뭐하자는 건지는 알겠는데.

그게 꼭 그리 될 일이 아니니,

이제 그만 좀 하지.

그랴. 이보게 사탄~!

내가 당신이라도 당연히 그럴 거야.

한두 번 공격으로 포기하지 않는 것-.

휘청일 때 몰아쳐 공격하는 것-.

당신 방법이야 충분히 이해는 하겠는데,

조용히 나도 한마디 할게.

이제 그만 좀 하소!

이보게 사탄~!
당신이 나를 가만히 놓아두지 않는 것.
그게 사실은 가끔씩 나에게 용기를 주는 것 아는가?

"이 친구는 그냥 놓아둬도 별일 없겠군~"

그렇게 나를 무시한다면
내가 당신 편도 아닌데, 그것 참 섭섭할 일 아닌가 말이야.

이보게 사탄~!
당신과 싸우느라 당신을 닮는다면 내가 천치 아닌가?
성숙이란 말이네.
얇은 피부, 딱딱한 마음에서
두꺼운 피부, 부드러운 마음으로 나아가는 것이라더군.
따뜻함을 품은 채 당신의 화살을 막아 내는 방법을 연구 중이야.

이보게 사탄~!

천하의 싸움꾼인 당신에게 이렇게 대드는 게

좀 당돌하긴 당돌하지?

사실 나도 당신이 만만치 않은 건 잘 알고 있네만,

위에 옆에 앞에 뒤에

기도하며 응원하며 끌어 주고 받쳐 주는

사랑하는 이들을 생각하니.

이건 아무리 생각해도 한판 붙어서 이겨야 할 싸움이네.

그렇지 않은가, 사탄?

위기 관리

야구에서 투수의 능력은 볼 스피드와 컨트롤에 있지요.

그러나 그것으로 훌륭한 투수가 되는 것은 절대 아닙니다.

몇 회 이상을 던져 내는 지구력이 필요하고,

무엇보다도 위기 관리 능력이 있어야 합니다.

이런저런 위기의 순간은 반드시 찾아오기 때문입니다.

도전하는 인생에게 위기의 터널은 반드시 있습니다.

우리에게 정말 중요한 것을 주시기 위해,

때로 주님은 우리가 원하는 것을 막으시지요.

그래서 찾아오는 위기의 터널들.

희랍 신화에 지혜의 신 아테네가 좋아하는 동물이 있었습니다.

독수리?

뱀?

여우?

사자?

의외로 그녀는 부엉이를 가장 좋아했답니다.

어둠 속에서 앞을 내다보는 것이 지혜 중에 지혜이기 때문이지요.

진정한 용기는 위기의 어둠을 빛으로 밝히는 힘을 말하는데,

용기 중에 진리에 의한 용기보다 더 강하고 안전한 용기는 없어요.

위기의 어둠이 마음과 영혼을 엉킨 실타래로 채워 갈수록

단순 명료하게 붙잡아 버티며 끌어 줄 진리의 밧줄이 필요합니다.

밧줄이 얼마만큼 밧줄의 역할을 해내는가 하는 것은,

밧줄의 가장 강한 곳이 얼마나 강한가에 달려 있지 않습니다.

오히려 가장 약한 부분이 얼마나 강한가 하는 것에 달려 있지요.

우리들 인생의 도전과 싸움도 그렇습니다.

좋을 때 잘될 때 얼마나 잘하는가 하는 것보다

위기의 어둠을 어떻게 용기 있게 헤쳐 가는가, 그것이 중요합니다.

실력 있는 인생은 위기에 강합니다.

어둠에서 진리를 붙들 줄 알고

그래서 지혜롭고, 그것으로 용기롭지요.

위기의 어두운 터널을 지나면 지날수록

정련되어 빛나는 보배로운 삶,

우리들 인생에는 그런 몇 가지 비밀 같은 마법이 있어

힘들다 생각하면 정말 힘들고,

힘 난다 생각하면 정말 힘 난다는 것 아닙니까?

외잎 클로버

클로버는 첫 번째 이파리에 소망을 담았대요.

두 번째 이파리에 믿음을,

세 번째 이파리에 사랑을 담고서는,

이 세상 끝까지 있으리라, 조물주의 칭찬을 받았다지요.

그래서 살짝 끼워 받은 네 번째 행운의 이파리-.

아주 드물게 가끔씩 특별한 때를 위한-.

나폴레옹이 따려고 몸을 수그리다가

총알을 피했다는 그런 아주 특별한 때를 위해.

요즘, 로또밖에는 희망이 없다는 사람들이 많다지요.

대부분의 소원이 건강, 화목한 가정 그리고 3위가 로또 당첨이래요.

네잎 클로버 확률 이십만 분의 일,

로또 당첨 확률은 몇 백만 분의 일이라는데….

인간의 복은 어쩌다 있을까 말까 하는 큰 힘으로가 아니라,

매일매일 일어나는 조그마한 기쁜 일들로 채워져 얻어집니다.

행운이란 친구, 알고 보면 근면과 성실의 하인이라잖아요.

가끔씩 이 친구 문 앞에서 기웃거려도

움켜잡을 실력을 쌓지 못하면 그냥 도망치는 뺀질이-.

세 개의 이파리가 있어요.

누구에게나 있고 누구에게나 있어야 하는

소망과 믿음, 사랑의 이파리-.

이 세상 끝까지 함께해야 할 바로 그 축복의 통로.

그런데 그만 어쩌다 언젠가를 위해 살짝 끼워 받은

행운의 이파리 한 잎 기다리다가,

정작 소중한 세 개의 이파리는 시들어 잊혀진 채

네잎 클로버는 어느덧 행운만 가진 외잎이 되고 말았어요.

네잎 클로버의 꽃말은 '행운' 이지만

세잎 클로버의 꽃말은 '행복'입니다.

행운을 좇다가 행복의 소중함을 잃고 만다면,

행운의 네잎 클로버는 사실은 슬픔의 외잎 클로버.

누구에게나 있고 누구에게나 있어야 할

진짜 클로버 이파리들 다 어디로 가고

홀로 된 외이파리 한 잎만 클로버도 아닌 채 클로버인 양.

어쩌다 우리는 축복을 축복으로 보지 못하는 장님이 되었을까….

오 다윗

다윗은 순박한 목동이었고 또한 세련된 왕이었습니다.

전쟁에서는 누구보다 강하면서 시와 음악에는 누구보다

여린 마음의 폭.

가장 좋은 만남의 축복과 가장 추한 만남의 아픔을 모두

품어 내는 삶의 깊이.

뜨거운 열정과 함께 냉철한 지혜를 잃지 않는 균형과 조화의 두께.

최고의 고난과 궁핍도, 최고의 부와 영광도 그때마다 어울리게

그려 내는 인생의 넓이.

때론 춤추는 찬송의 기쁨으로, 때론 침상을 적시는

애통의 눈물로 그의 길을 걸어 낸 다윗─.

그의 이름은 저에게는 그냥 다윗이 아니라 '오- 다윗' 입니다.

다윗이 사울의 시기와 미움을 받고 죽음의 위협에 처하게 됩니다.

스승 사무엘에게 피했는데 그곳도 안전하지 못했고

그마저 얼마 후 죽고 맙니다.

친구 요나단을 만나 보지만 상황은 자꾸 어려워져

그와도 기약 없이 헤어집니다.

결국 원수의 나라 블레셋에 도망해 숨는데 그곳에서도 그만

신분을 들키게 되지요.

벽을 긁으며 침을 흘리며 미친 척하면서 그나마 살아서

겨우겨우 쫓겨나고,

그렇게 도착해 숨은 곳 아둘람 굴에서

상처 입은 도피자 4백 명을 만나는데….

그때 지은 다윗의 시가 있습니다.

'하나님이여 내 마음이 확정되었고 내 마음이 확정되었사오니 내가 노래하고 내가 찬송하리이다 내 영광아 깰지어다 비파야, 수금아, 깰지어다 내가 새벽을 깨우리로다 주여 내가 만민 중에서 주께 감사하오며 주를 찬송하리이다' (시 57:7-8).

오- 다윗…. 그리운 이름 오- 다윗!

연필에 지우개가 달린 이유는 인생에 항상 지우고 싶은 실수와

좌절이 있기 때문입니다.

야구 선수 2할5푼 타자면 보통 선수이고

3할 타자면 최고의 선수지요.

프로 선수가 1주에 대여섯 번 시합하고 한 번에 서너 번 타수가

계산되면 약 20번-.

그 한 주간 기회 중에 여섯 번 성공하면 3할 타자고 다섯 번 성공

하면 2할5푼 타자가 되지요.

탁월한 인생에도 실패가 있고 최고의 삶에도 좌절이 있습니다.

한 번 더 노력해서 한 번 더 해내는 집중력이 바로

탁월함을 가르는 실력이지요.

다윗이 십 년 가까운 긴 세월 유대 광야를 방황하며 쫓기던

바로 그 시절,

'여호와여 내 입 앞에 파수꾼을 세우시고 내 입술의 문을 지키소

서' (시 141:3).

상황의 암울함이 원망과 좌절 분노의 소리로 새어 나가지 않기를

그렇게 기도합니다.

그래요, 오- 다윗!

언젠가 당신을 만나 당신의 품에 안겨 당신께 묻고 나누고

풀고 싶은 그리움이 가득인데

당신의 이름 설레며 부르는 까마득한 후배 한 녀석,

응원 좀 해 주십시오. 가끔씩 아둘람 굴에서 한 번 더

새벽을 깨우며, 한 번 더 타율 좀 높일 수 있게….

꾸짖어도 주시고 격려도 좀 해 주시고,

하늘에서 응원 좀 빡세게 해 주십시오.

외롭고 암울한 절망의 아픔들,

 당신이야말로 헤아려 주시고도 남을 테니 말이지요.

야명조소

알프스 산골 언덕에 '야명조소'라는 이름의 새가 산대요.

밤 야, 밝을 명, 지을 조, 처 소.

날이 밝으면 집을 지으리라 붙여진 이름으로

야명조소 야명조소 그렇게 소리 내며 운다는 알프스의 새—.

알프스 언덕의 눈 덮인 밤은 그 추위가 살을 에는데

이 울보쟁이, 잠 못 이루고 추위와 싸우며 밤새 그렇게 울어댄대요.

날 밝으면 집 지리, 날 밝으면 집 지리….

그러다가 막상 날이 밝아 화창한 햇살이 언덕을 덮으면,

따스함에 취해 하루 종일 놀다가, 졸다가, 빈둥대다가,

밤이 되면 다시 밤새도록 날 밝으면 집 지리, 날 밝으면 집 지리.

어쩔 때 보면, 우리들 살아가는 모습이 꼭 그렇지 않은가요?

날만 밝으면 집을 짓는다면서

다시는 지금처럼 추위에 떨지 않는다면서

정작 햇살이 있으면 편안함에 취하고 말아요.

편안함은 종종 길을 잃게 하는 독약이 되지요.

좁은 문으로 들어가기를 힘쓰라고 했는데,

힘쓰라는 단어가 고민하고 고뇌하라는 뜻이더군요.

미움의 마음은 고민하고 고뇌하지 않아도 찾아오는데,

사랑하기 위해서는 고민하고 고뇌해야 하니 그것이 좁은 문-.

낙심의 마음은 고민하며 노력하지 않아도 찾아오는데,

소망을 위해서는 고민하며 노력해야 하니 그것이 좁은 문-.

분노와 낙심이 파도처럼 마음을 덮어

주저앉아 그저 혼자이고 싶을 때,

아니면-.

좋구나, 따뜻하구나, 그냥 좀 한없이 편안하고 싶을 때,

바로 그때 갈급함으로 하늘을 보아야 합니다.

좁아 보이는 문을 향하여 고민하며 나아가야 합니다.

정말 소중한 것들은 그렇게 얻어지기 때문이지요.

마음 좀 활짝 열고 눈 좀 크게 뜨고 한번 둘러보세요.

춥고 힘들면 그 춥고 힘든 언덕 너머로,

따뜻하고 아늑하면 그 따뜻한 아늑함 위로,

어딘가의 틈에서 햇살이 쏟아지지 않나요?

지금 밝은 그곳을 찾아 지금 그곳에 집을 지어요.

날 밝으니 집 지리, 날 밝으니 집 지리, 노래하면서—.

지금 고민하며 지금 노력하지 않으면 우리의 이름도 그만

‘야명조소’.—

아메바

단세포동물 아메바는 생명의 모든 기능을 혼자서 해냅니다.

종합 기능의 능력을 합쳐 따진다면 다른 동물의 어떤 세포가

그만큼 뛰어날지 모르겠습니다.

빛을 향해 움직이는 것이 인식 능력의 전부지만

그래도 자기 자신이, 한 시간에 몇 밀리 움직이는 게

운동 능력의 전부지만 그래도 자신을 위해,

호흡, 소화, 배설의 온갖 기능을 자기 자신이 혼자 스스로 해내는데

이 모든 기능들은 자기 자신 스스로를 위해 존재할 뿐입니다.

고등동물일수록 각 세포는 유기체 조직을 위해

주어진 역할을 수행합니다.

인간의 몸에서 자신의 생명만 위해 존재하는 세포는

기생충과 암세포뿐,
수십 조 인간 세포 중 생물학적인 쾌감 세포는
존재하지도 않다지요.
쾌감은 여러 세포가 협조할 때 부산물로 얻어지는
이차적 느낌이라네요.

우리에게 있는 생명의 축복은 분명 자신만을 위해
주어지지 않았습니다.
우리에게 주신 두 손은, 하나는 받기 위한 손
또 하나는 주기 위한 손이래요.
이 세상 지으신 창조주의 뜻을 따라 더 큰 나라가 회복되고 세워지는 것,
그것을 위해 받아야 할 것은 받고 주어야 할 것은 주면서
진정한 기쁨을 기쁨의 감각으로 찌리리 느껴 가는 유기체적 삶-.

1977년, 중국 공산당이 공식으로 선언했습니다.

'우리는 종교가 미신이고 혁명을 지연시키는 것이라고 믿는다.
소수의 기독교인이 남아 있지만 그들은 모두 늙었다.
이제 그들은 죽을 것이고 그렇게 되면 기독교는 끝날 것이다.'

그리고 오늘날, 중국의 기독교인은 매일 2만 5천명씩

늘어 간다고 합니다.

그런데 뜨거움과 폭발적 성장을 자랑하던 우리는
그 많은 좋은 것들을 축복과 은혜로 넘치게 받아 채워 놓고도
이파리만 무성히 으스대는 무화과의 모습을 자꾸 닮아 갑니다.
게다가 '남들' 에 대한 관심은 그리 썩 많아 보이지도 않습니다.

자만PRIDE 이라는 단어는 그 한가운데 자신이
터억 들어앉아 있지요.
꿈이라고 하기에는 욕망, 야망뿐인 자기중심의 삶들—.
이 세상의 것들은 하나도 잃지 말아야 하고,
거기에다 영원한 생명의 축복을 '부록' 으로 보장받으려
애쓰는 인생—.

이러다 점점 우리
받을 줄만 아는 외팔이는 고사하고,
아메바 되어 꿈틀꿈틀, 정말 어느 날 그러고들 있는 것 아닌가?

사랑의 길

케서린의 남편 루이스는 싱싱감옥의 소장이었습니다.

그곳에는 평생을 격리된 최악의 범죄자들이 수감되어 있었지요.

많은 사람들이 경고하기도 하고 만류하기도 했지만,

그녀는 16년 동안 남편을 도와 죄수들에게

진심으로 사랑을 베풀었답니다.

캐서린이 죽었다는 소식이 전해지던 날,

모든 죄수들은 감옥 울타리에 몰려와 기대어 울었습니다.

진정한 사랑을 심어 준 그녀에게 조금이라도

가까이 있고 싶었던 거지요.

그 모습이 얼마나 엄숙하고 진지하고 간절했던지

그날 하루만 모두에게 상가 조문이 허락되는

유례없는 조치가 취해졌는데

교도관의 감독 없이도 한 사람도 빠짐없이

감옥으로 되돌아왔다는군요.

진정한 사랑으로 사람들이 변화되는 이야기,

이런 이야기가 저는 정말 좋습니다.

사랑은 모든 것을 참으며 믿으며 바라며 견딘다고 했습니다(고

전 13:7).

그런데 저에게는 이것만은

못 참으며 못 믿으며 못 바라며 못견디는 것들이 있습니다.

그 '이것들' 때문에 저의 사랑은 여전히 미완성의 사랑이지요.

그래서 많이 속상하고, 사랑의 주인이신 주님께도

정말 죄송할 따름인데,

'모든 것' 중 무엇보다 참으며 믿으며 바라며 견뎌야 할 대상이

바로 자신이기에 뻔뻔스러움 반,

쑥스러움 반으로 스스로를 격려하며 용서합니다.

그럴 때 듣는 진정한 사랑과 사람들이 변화되는 이야기가

저는 정말 좋습니다.

영화 '약속' 에서 주인공이 말하지요.

"내가 당신을 사랑하는 줄 알면서 당신이 나를 떠나는 것도 배신이지만
내가 당신을 여전히 사랑하는 줄 알면서 당신이 절망하는 것도 배신입니다."

그렇습니다.
사랑의 주인이신 주님이 우리를 포기하지 않으셨는데
우리가 우리 스스로를 포기하고 절망한다면 그것은
그분을 향한 배신입니다.
미완성의 사랑은 바로 그 미완성을 품는 사랑으로 완성되지요.

진정한 사랑은 사람을 변하게 합니다.
그 변화의 대상에 가장 먼저는 우리들 자신이 있고,
그리고는 우리의 노력으로 변화되는 누군가 '그들' 이 있지요.
누군가 '그들'.
누구에게도 분명 누군가 '그들' 이 있습니다.

사랑 이야기

알프스 산골 마을에, 한 처녀가 찾아왔습니다.
그리고는 매일 개울가에 나가 뭔가를 기다립니다.
하루 이틀, 한 달, 두 달, 계절이 바뀌고 해가 바뀌고,
어느덧 그녀에게 흰머리가 희끗희끗 비칠 때쯤
계곡을 타고 한 청년의 시체가 떠내려 옵니다.

얼어붙은 시체를 부둥켜안고 한없이 우는 그녀는
등산 갔던 청년의 약혼자였다지요.
계곡을 타고 조금씩 언젠가 떠내려 올 것을 믿으며 하루만 더,
하루만 더, 하― 세월을 그렇게 기다렸대요.

그런데 이런 얘기, 별로 실감이 나지 않습니다.
그런 인생의 낭비가 어딨냐는 둥,
조금 허황되고 조금 가엾다는 둥,
그저 그렇게 흔한 생각으로 지나치다가
갑자기 밀물처럼 차올라 적셔지는 슬픈 물음표…?

저의 이 모습이 맞기는 맞는 겁니까?
평생을 바쳐 이룬 어리석은 사랑 이야기-.
그런 이야기, 별로 가슴에 와 닿지 않는 이런 모습 말입니다.

쉽게 생각하고 쉽게 결정하고
쉽게 좋아하고 쉽게 잊어버리는 바쁜 세상-.
낭비하지도 않고 손해 보지도 않는 세상-.
평가와 대책, 계산과 전략에 능숙한 세상-.

제가 많이 해 온 이야기 중에 하나는, 기다리자는 말입니다.
상황이 힘들어도 하늘의 섭리를 바라보자고 곧잘 말합니다.
어쩌면 그 기다림이 생각보다 오래갈지도 모른다고,
그래도 소망으로 기다리자고 말하곤 합니다.

그렇게 말하면 그렇게 고개를 끄덕이며 함께해 주는 사람들,

생각해 보니 우리에게도 그런 사랑이 있네요.

평생을 바쳐 소망하고 바라보는 기다림의 사랑.

언젠가 우리 주님과의 만남을 기다리는 기다림.

지혜를 구하는 만큼, 오늘 저는 어리석음을 구합니다.

만나와 메추라기를 구하는 만큼,

오늘 저는 주림과 목마름을 구하고 싶습니다.

희락의 열매를 구하는 만큼, 오늘은 인내의 열매를 구하렵니다.

인생은 때로, 그런 이야기들로 하나씩 채워집니다.

그래서 그렇게 각박하지만은 않은 세상이 됩니다.

그렇지 않은가요?

빨간 눈 토끼

토끼는 거북이가 좋았습니다.

항상 함께하고 싶고

함께 있으면 뭐든 잘해 주고 싶었지요.

그런데 그만

함께 만나면 왠지 어색하고 힘들어만집니다.

걸음이 느린 거북이가 툭하면 토라지고 말거든요.

토끼가 조금 앞서만 가도 "이게 뭐야, 내가 걸음이 느리다고!"

보조를 맞춰 같이 걸으면 "치이-, 동정받고 있잖아~."

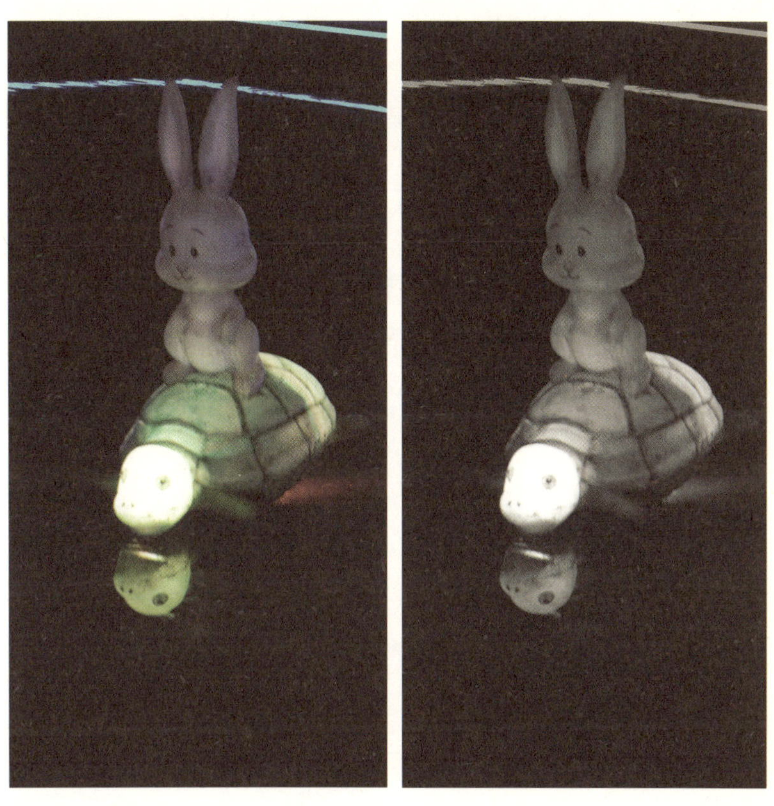

속상한 토끼가 고민 끝에 방법을 하나 냈는데,
거북이에게 달리기 시합을 제안하기로 했지요.
날씨 좋은 어느 날, 싫다는 거북이를 겨우 달래서 시합을 합니다.
언덕 너머 보이는 나무까지 누가 먼저 달려가는가.

토끼는 단숨에 나무 근처까지 달려가서는
잠든 척 엎드려 실눈으로 거북이를 살피며 응원합니다.
"포기하지 마, 거북아, 힘내서 포기하지 마!"

토끼는 거북이가 포기하지 않으리라 믿었습니다.
그래서 토끼는 생각했지요.

'거북이가 여기까지 오면 나를 혼내며 깨워 주겠지.
나는 고마워하면서 말할 거야… 그래, 나는 걸음은 빠르지만
쉽게 지치고 잠이 많아, 친구야! 그래서 우리는 서로가
필요한 거야, 그치?'

어깨동무하며 나무를 향해 가는 상상만으로도
토끼는 매우 기뻤습니다.

거북이는 정말 땀을 뻘뻘 흘리며 포기하지 않고 달려왔지요.

그리고 결국 토끼에게까지 다가왔는데,
본체만체 그냥 스쳐서는 나무를 찍고 만세를 부릅니다.
아아— 핑 도는 눈물을 삼키느라
그만 토끼의 눈은 빨갛게 물들었지요.

그로부터 온 세상 모두가 이야기하며 놀려댑니다.
거북이는 근면하고 성실한데 토끼는 게으르며 교만하다고.
거북이를 닮고 토끼처럼은 되지 말라고.

그래서 토끼는 어땠냐고요?
눈물을 삼키며 얻은 상처로 토끼의 눈은 여전히 빨갛지만,
더 이상 토끼는 슬퍼하지 않는답니다.
자기가 사랑하는 거북이의 기쁨이 바로 토끼의 기쁨이었으니까요.

그런데 이 이야기.
혼자만 알고 제발 비밀로 해 주세요.
사실이 알려져 거북이가 욕먹으면 토끼는 정말 슬프거든요.

봄의 교향곡

봄의 교향악은 하늘에서 시작됩니다.

눈부시게 맑은 하늘이 눈부시게 밝은 햇살을 뿌려 놓으면

산과 나무와 꽃들의 설렘이 온 세상에 봄바람을 만들어 퍼뜨리고,

그 봄바람에 산과 나무와 꽃들의 향기가 햇살을 타고 다시 하늘로.

출근길 왕벚꽃 가득한 향기에서

문득 화려한 봄의 선율을 찾아내고는

매몰되었던 꿈과 상념의 언덕이

마치 봄바람처럼 들쑥들쑥 꿈틀대던 날.

"꽃 배달을 하려는데 너무 커서 현관에 들어가질 않네요.

집 앞 화단에 꽂아 놓았으니까 이따 나와서 봐요~."

떨어지지 않는 발걸음 대신 집에 전화 한 통 남기고

떠나왔더랬지요.

벌써 몇 주째, 밖에만 갔다 오면 꽃이 그렇게 예쁘다고

좋아들 합니다.
생각해 보니 좋은 것을 좋은 것으로 둔 채
누리는 행복이 얼마나 큰지….
장미를 꺾어 화병에 담아 '내 것'으로 즐기며 기뻐하는 기쁨도
기쁨이지만 누구의 것도 아닌 채, 꽃밭 그대로의 모습을 즐기는
기쁨도 더 없는 기쁨입니다.

세상에서 가장 비린내 나는 생선은 '셀피쉬' 입니다.
S. e. l. f. i. s. h-.

자신만을 생각하며 자신만을 고집하며 그것에 집착하는 자기중심성-.
자기중심의 끝도 없는 쳇바퀴 놀음에 그럴 듯 붙여 놓는
구구한 설명과 변명들-.

한 아이가 아빠에게 혼나고 있습니다.
"왜 고양이 꼬리를 자꾸 잡아당겨 귀찮게 하는 거야?"
아이는 억울하다고 소리칩니다.
"저는 그냥 꼬리를 붙잡기만 했어요, 잡아당긴 것은 달아난 고양
이란 말예요!"
그래요, 맞는 말입니다.
문제는 그것이 맞는 말이라는 게 정말 문제지요.

권투 선수 김득구를 링에서 쓰러뜨려 사망케 한 레이 만시니.
김득구 선수의 사망 후 기자회견에서 그가 말했습니다.
"나는 어떤 때는 왜 하나님이 그런 일을 하시는지 알 수가 없어요."
언제까지 하나님은 인간의 끝없는 변명을 듣고만 계셔야 할까?

스스로를 지나치게 장식하며 포장하며 가꾸는 노력이
정작 가장 소중한 것들을 잃게 합니다.
내 것만을 아끼며 누리며 채우며 쌓아 가는 집착의 마음이
정작 가장 풍성한 아름다움을 잃게 합니다.

자기중심의 틀을 벗는 것이 가난한 마음입니다.
그러면서 가지는 가슴앓이가 애통하는 마음입니다.
그 영혼에 비로소 주리고 목마른 소망과 믿음, 사랑이 찾아드는데
하늘의 평화와 기쁨과 축복이 곧 그들의 것이라 하셨습니다.

그 기쁨과 축복 중에
봄이 펼치는 화려한 열린 음악회가 있지요.
바로 봄의 교향악!

바보

하나가 있으면 하나는 당연하기에
부족한 다른 하나가 아쉬워 주저앉아 우는데,
열이 있으면 열도 당연해
부족한 또 하나 때문에 여전히 드러눕는 바보-.

볼펜 깍지에 몽당연필 끼워 열심히 채워대던 누런 원고지.
진하게 쓴다고 침 묻혀 꼭꼭 눌러쓰다가
침이 너무 묻어도, 너무 힘줘 눌러써도
찌지직 자꾸만 찢어져 속상했지만,
소망과 사랑의 글들을 채움에 정말이지 넉넉하고도 남았댔지요.
세련된 자판의 탁월한 워드프로그램
컬러 인쇄기로 주욱 뽑아내면 그 모양이 너무나 산뜻한데,
이제는 순백의 종이가 부끄럽도록

얼룩으로 담아내는 누런 글들이 차마 부끄러운 바보-.

햇빛으론 종이를 태우지 못해.

그 말이 맞아요.

햇빛으로 종이를 태울 수 있어.

그 말도 맞지요.

렌즈의 비밀을 아는 자와 모르는 자.

믿음의 비밀을 아는 자와 모르는 자,

사랑의 비밀을 아는 자와 모르는 자,

소망의 비밀을 아는 자와 모르는 자,

맞다 틀리다 싸움만 하다 끝내 지쳐 버리는 바보-.

바보같이…

소망의 그릇에 슬픔을 담지 못하고,

슬픔 때문에 소망의 그릇을 쨍그랑 놓쳐 버려요.

바보같이…

진리의 힘으로 세상과 싸우지 않고

어떻게든 세상과 싸워서 진리를 얻어 보겠다고,

바보같이, 정말 바보같이….

바보의 특징은 무얼까?

감사를 알지 못하고 소망을 보지 못함.

주시는 힘을 받지도, 내지도 않으면서 약하다 약하다 함.

얼마 있는 힘은 의미 없는 곳에 배로 쏟으면서 강하다 강하다 함.

가짜에 약한데 큰 가짜에 더 약함.

큰 것을 잃으며 작은 것 얻고는 정말 기뻐함.

큰 것을 얻으며 작은 것 잃고는 정말 슬퍼함.

에이구….

잊을 만하면 몇 번씩,

나는 바보가 됩니다.

그래서 슬퍼 우는데….

꼭 그때,

주님이 오셔요.

"애통하는 자여 복을 가져라!"

그래서 다시 웁니다.

잊을 만하면 꼭 몇 번씩─.

Always wanting to *laugh*

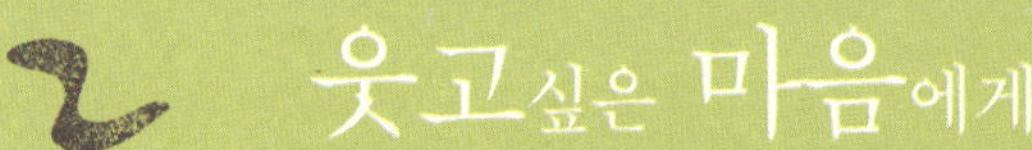

웃고 싶은 마음에게

매력 찾기

링고라는 원시 마을의 청년이 있었습니다.

마을에서 한 여인, 사리타를 사랑하게 됐는데,

그녀는 못생기진 않았지만 아주 매력적인 것도 아닌

평범한 처녀였지요.

수줍음이 많고 말도 썩 잘하지는 못했답니다.

신랑은 보통 신부에게 소 두세 마리,

비싸게는 너댓 마리를 줘야 했는데,

마을 사람들 모두는 사리타를 얼마로 데려갈까 궁금해 했대요.

링고는 총명하니까 좋은 거래를 할 것이라고 생각들 하면서요.

거래하는 날, 그가 소 여덟 마리를 낸다고 해서

그만 모두들 놀라고 말았지요.

그때부터 사리타는 몰라보게 바뀌게 됩니다.

초롱초롱 눈이 빛나고, 우아하고 세련된 말씨,

외부에서 누가 오면 사리타를

가장 아름다운 여인이라 꼽게 됐대요.

나중에 나중에 링고가 말했답니다.

"많은 것들이 한 여인을 바꿔 놓을 수 있습니다.

마음 안에서 마음 밖에서 일어나는 많은 일들이

그 여인을 바꾸어 놓지요. 그러나 가장 중요한 것은

자신이 스스로를 어떻게 생각하느냐 하는 것입니다.

이제 사리타는 자신이 얼마나 가치 있고

소중한 여인인지 알고 있답니다."

남자는 자기가 알고 있는 것을 말하고

여자는 상대가 기뻐하는 것을 말한다지요.

자신의 존재를 누군가가 기뻐해 줄 때,

여자는 그것을 표현하며 강해지고 남자는 그것을 앎으로 강해져요.

누구든 자신의 가치를 깨달으면서

점점 그 모습을 이뤄 가는 거지요.

여행에서 지식을 얻어 돌아오고 싶다면

떠날 때 지식을 준비해 가야 합니다.
그렇듯 삶에서 가치를 얻고 싶다면,
자신의 가치를 스스로 먼저 품고 가야 해요.
흔히들 이미 가진 것은 무시한 채
뭔가 다른 것만 애써 바라곤 하지요.
지나친 자신감은 경계할 일이지만, 합당한 자기 신뢰는
자기 발전의 원동력인데 말입니다.

좀 더 스스로를 용납하고
좀 더 스스로를 소중하게 품어 주면서
좀 더 힘내서 당당하게 스스로를 가꿔 보지 않으실래요?
숨겨 두신 많은 장점과 매력들,
옆에서 보면 아까울 때가 정말 많거든요.

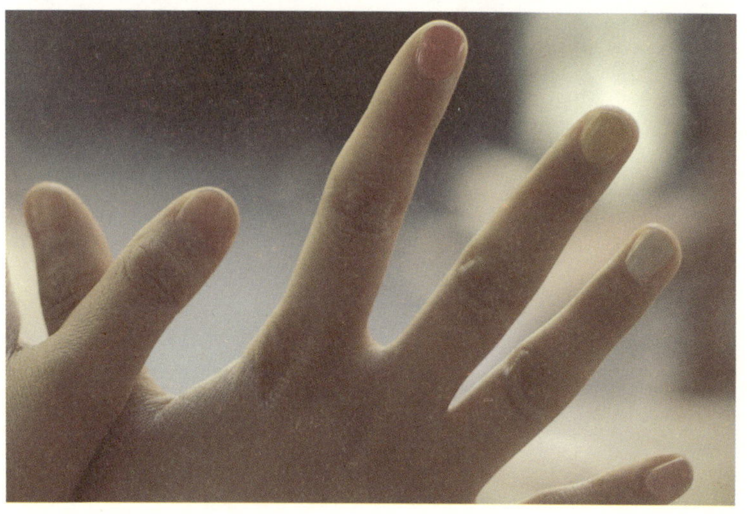

믿음의 눈

개미는 사람을 다 볼 수도 알 수도 없습니다.
가까이에서는 사람의 크기가 시야의 한계를 벗어나고,
시야에 담길 만큼 충분히 물러서면 시력의 한계를 벗어나지요.

우리 사람은 하나님을 다 보지도, 알지도 못합니다.
그 사랑과 은혜와 능력의 품 안에서는
깊이와 넓이를 다 알지 못하고
품을 벗어나면 아무리 보려 해도 볼 수가 없어요.

모세가 하나님께 물었습니다.

"너를 보낸 이가 누구더냐 사람들이 물으면
뭐라고 대답할까요?"
그분은 스스로의 이름을 어떻게든
설명하려 하셨지요.
"I am that I am."

이 세상 어떤 수식어로도 차마 다 수식할 수 없어서
세상의 단어를 다 모아 붙여 설명해도 차마 다 설명할 수 없어서,
비밀이 되어버린 이름,

"I am…."

그 비밀의 모습과 크기를 찾아 보여 주는 유일하고도
특별한 눈이 있어요.
바로 믿음의 눈-.

'복음에는 하나님의 의가 나타나서 믿음으로 믿음에 이르게 하
나니 기록된 바 오직 의인은 믿음으로 말미암아 살리라 함과 같
으니라' (롬 1:17).

아우슈비츠수용소 벽면에 누군가가 고백해 새겨 놓았다지요.

'하늘을 두루마리 삼고 바다를 먹물로 삼아도 그 크신 하나님 사랑
말로 다 형용 못하네!'

비밀을 꿰뚫어 보게 하는 믿음의 눈이 아니라면 과연 누가
그런 곳에서 이런 고백을 할 수 있었을까요.

급하게 옆 마을에 가야 하는 나그네가 있었대요.

언덕 너머 샛강을 나룻배로 건너야 하는데,

시간이 아주 빠듯했다지요.

언덕길에 헐레벌떡 올라서 보니 배가 그만 떠나가고 있더래요.

정신없이 달려 몇 미터를 훌쩍 뛰어 나룻배에 오르는데

성공하긴 했는데, 사람들이 웃어서 돌아보니

떠나는 게 아니라 도착하는 배였대요.

우리에게 향하는 하나님의 사랑과 은혜, 그리고 능력-.

조급함과 욕심, 편견의 좁은 눈 그대로이면

더 크게 주시는 소중한 것들 보려고 해도 볼 수가 없는 게 인간이지요.

더 큰 선물로 우리에게 조용히 다가오실 때,

또 떠나시는가, 또 버리시는가, 원망하며 낙심하며 주저앉아요.

비밀을 꿰뚫어 보게 하는 믿음의 눈이 아니라면 누구나

바로 그런 곳에서 낙심하게 되지요,
눈에 눈물이 흐르지 않으면 영혼에 무지개도 뜨지 않아요.
고통과 슬픔으로 세상이 얼룩져 가물거릴 때
그때 믿음의 눈으로 열려지는 세상, 그곳에서 소망의 역사는
시작되지요.

'믿음으로 말미암아 그리스도께서 너희 마음에 계시게 하시옵
고… 그 너비와 길이와 높이와 깊이가 어떠함을 깨달아 하나님
의 모든 충만하신 것으로 너희에게 충만하게 하시기를 구하노
라' (엡 3:17,19)

아멘 아멘,
아멘 아멘 아멘!

매미 울음

찢어질 듯 터질 듯
매미가 우네요.
짝을 찾느라 우는 건데
도시의 매미는 소음 때문에
더 크게 운다는군요.

매미 한 마리도
상황이 어려우면
저렇게 더 많이 애쓰고
저토록 더 크게 부르짖네요.
소망을 찾아
매달리고 부르짖는 우리는
정말 어떨 때는 매미보다 못하지요?
상황이 막히면 낙심하여 주저앉고 말거든요.

축복의 소나기는

먹구름 타고 찾아온대요.

소망의 나라에는 겨울이 없다지만

겨울에게도 소망은 있는 걸요?

어려움을 이겨 내는 용기-.

소망을 바라보는 지혜-.

인내로 일어서는 힘-.

그렇게 기도하면서

그렇게 그에게 말해 주고 싶은데

오늘 꼭 그에게

그렇게 말해 주고 싶은데….

찢어질 듯 터질 듯

외쳐 대는 매미 울음이

그에게도 찾아가

그렇게 그에게 말해 주면 좋겠네요.

맴맴맴맴

맴맴맴맴

맴맴맴맴 매앰~~

땡볕

인생은 커다란 고드름 같다지요.
시간의 태양이 그것을 계속 녹이고 있어
물로 흘러 한 방울씩 뚜욱뚝 땅을 적시는데
한 번 떨어지면 다시는 주워 담을 수 없어요.

한여름 땡볕의 아픔을 아는가요?
사계절 경주의 반환점을 지나며 이제 온 만큼을 더 가야 하는데
온 길은 아쉽고 갈 길은 아득해, 헉헉 숨이 턱까지 차는 땡볕길.

사랑이란 '내 마음에 있는 당신의 아픔' 이라는데
땀방울로 함께 뛰는 한여름의 목마른 언덕에서

아픈 내 마음에 당신의 고통을 품고
아픈 당신이 나의 고통을 가슴에 품으면
그것이 한여름 땡볕의 사랑.

인디애나주 시골 마을에 한 뇌질환 소년이
방사선치료로 머리가 다 빠진 채 등교하는 날
반 친구들이 미리 연락해서 모두 머리를 밀고 나타났대요.
마음 여린 소년이 부끄러워할까 봐요.
이유를 알게 된 선생님도 울고 아이들도 그만 따라 울었다네요.

그렇지 않은가요?
아픔과 고통의 현장에서 나눌 수 있는 최대의 위로는
함께 있어 주는 것, 그것이 사랑이지요.

지친다 지치는 구나 생각하면 한없이 지치고
힘들다 힘들구나 생각하면 한없이 힘들어도
계절의 반환점, 그리고 그렇게 마주치는 인생의 반환점.
사랑과 격려의 나눔으로 한여름 땡볕의 언덕을 넘어요.
가을 소망의 결실을 꿈꾸면서요

'네가 보행자와 함께 달려도 피곤하면 어찌 능히 말과 경주하겠
느냐' (렘 12:5).

이제 정말 가야 할 소망의 그 길을 위해서
매일 일어나 달리고 또 일어나 달리다 보니

그곳에

가쁜 숨을 도닥이는

땡볕의 사랑이 있네요.

part.. Two

달나라
가는 길

달나라에 묻힌 꿈을 보았대요.

소망과 사랑을 믿음에 담은 꿈같이 멋진 꿈-.

그래서 그 곳을 향해 우주선을 쏩니다.

가능한 모든 정보를 모아서

방향과 속도, 궤도를 정해서 쏘아 올립니다.

그런데 자꾸만 계속되는 궤도 수정-.

어긋나고 틀어지고 바뀌고 조정, 재조정.

도대체 뭐가 잘못된 걸까?

출발이 잘못된 건가요?

포기해야 하는 건 아닙니까?

무슨 말을 하려는지, 벌써 눈치채셨지요?

그래요, 그렇게 하는 겁니다.

출발했기 때문에 궤도 수정이 되는 것이지요.

그렇게 하면서, 그렇게 목표에 이르도록 되어 있습니다.

인생의 맞바람은 우리를 연약하게 하는 게 아니라

우리가 얼마나 연약한지 보여 주는 것일 뿐-

어긋나고 틀어지면 우리는 우리의 연약함을 깨달아

흔들흔들 다시 정신 차려 다시 가다듬는 제어 추적 장치!

한 번 커다란 결심으로, 한 번 엄청난 순종으로,
결승점에 닿고 싶은 조급함, 그 조급병 때문에―
시작하기도 하늘만큼 어렵네요.
끝까지 가기도 땅만큼 어려워, 정말 어렵고 어려운데….

힘드네요, 지치네요, 땀 뻘뻘 쏟으며
여전히 달려 주는 소중한 모습들 보면,
그렇게 조금씩 궤도를 찾아가는 귀한 모습들 보면,
그래요 그렇게 하는 것이라고,
고민하며 뛰고, 뛰면서 고민하는 인내의 경주―
그래요 정말 그렇게 하는 것이라고….

엄지 번쩍 치켜들고 박수, 기립 박수!

혹시라도 혹시,
그러다 지쳐 주저앉아 버릴까 봐―.

눈물, 웃음

웃을 일에 웃는 사람, 건강한 사람.

웃지 않을 일에 웃는 사람, 실성한 사람.

울지 않아야 할 일에 우는 사람, 바보.

울어야 할 일에 우는 사람, 그냥 사람.

유머를 잃지 않되 우습지 않게,

눈물을 잃지 않되 슬프지 않게,

그래 그렇게 살아야지.

마음 바닥에 버젓이 새겨 놓고는

끝내 주르르 흘러 버린 고통의 눈물.
인생은 바라보는 자에게는 희극이요
느끼는 자에게는 비극이라던가?

'눈물을 흘리며 씨를 뿌리는 자는
기쁨으로 단을 거두리로다' (시 126:5).

그런데
고통의 눈물을 소망의 씨로 뿌리지 못해
눈물의 열매로 눈곱만 남겨 버린, 슬픈 유머-.

울어야 할 일로 진짜 우는 사람,
울되 인생을 슬프게 만들지 않는 사람,
애통하는 자는 복이 있다네-.
하늘의 위로가 진짜 합당한 사람,
그래서 진짜 웃음을 진짜 웃는 사람-.

그 눈물도 그립고
그 웃음도 그리워
주님 지으신
사람의 모습들

눈 내리는 날

눈 내리는 밤이면
가로등 너머 하늘 가득 은하수가 흩어져 내린다.
밤하늘 별들에 묻어 둔 꿈들이 제 무게를 이기지 못하고
마침내 펑펑 눈으로 부서져 쏟아지는 것이다.

눈은
너무나 여리고 너무나 작다.
붙잡으려 잡아 보면 스스르 녹아
적셔진 흔적에 가슴만 시리운 조그만 눈송이.

그런데 눈은
헤아리기에 너무나 크고 너무나 넓다.
산과 나무, 지붕과 아스팔트, 운동장을 덮으면
그 크기를 차마 다 헤아릴수 없어
달려 보아도 달려 보아도 끝이 없는 눈밭, 눈길.

그렇게 우리들의 꿈은

밤하늘에 묻어 둔 우리들의 꿈은,

움켜쥔 듯 펴 보면 주르르 흘러 차가운 흔적만 남는데

어느덧

우리들 삶의 길과 밭을 가득 채워 덮고 있는 것이다.

기도

한 아이가 엎드려 기도합니다.

가서 잘 들어보니,

"에이 비 씨 디 이 에프 지, 에이 비 씨 디 이 에프 지…."

장난인가 해서 보니 너무나 진지합니다.

"얘, 왜 알파벳만 외우고 있니?"라고 물으니

"사실은, 어떻게 기도해야 할지 모르겠어서요.

저는 계속 알파벳만 외우고요,

주님이 그 알파벳을 배열하시면 가장 좋은 기도가 만들어져요"

라고 대답합니다.

철없는 아이다운 철없는 순박함이 분명한데,

우리는 얼마나 우리가 좋아하는 식으로만 단어를 모으고 배열하고

꽉꽉 채워서

우리가 좋아하는 우리들의 기도만 끝없이 만들어 내는지요.

더 이상 철없는 아이일 수 없어서일까요?

감추고 싶어하는 자신의 모습이 바로 인격이래요.

우리들의 신앙도 감추고 싶은 헐벗은 영혼, 그 깊숙함 어느 곳에

그렇게 깃들어 있지요.

그런데 왠지 철없는 아이로 남을까 봐 어떻게든 버둥버둥 낑낑

애써 보는데,

'혹시 쭉정이' 란 생각이 들 정도로

영혼은 자라지 못한 채, 겉모양만 쑤욱쑥 크고 말아요.

육체미 선수가 근육을 자랑합니다.

"그 근육은 어디에 쓰입니까?"

"자, 이번에는 등줄기에 솟는 근육도 좀 보실래요?"

"그런데 그 훌륭한 근육을 어디다~"

"오일을 좀 더 발라 볼까요? 자— 이번에는 하체 쪽에..."

"… …"

신앙 중에 무기징역 신앙이 있습니다.

살기는 분명히 살 텐데, 보이는 공간을 벗어나지 못하지요.
생명의 축복은 얻었다 하면서 영혼의 날개는 접혀진 채,
나는 죽지 않는다! 나는 죽지 않는다!
절망을 소망처럼 외치는 무기징역 신앙인─

보배이신 주님을 담아야 할 텐데
질그릇보다는 금그릇 되느라 주님 담아 낼 틈이 없어
잘할 거에요, 멋지게 할 거에요.
영혼의 귀는 막힌 채, 입술만 겨를 없이 바빠
'자, 다음은 이렇게요, 그다음은 이렇게요─.'

돌아가고 싶네요.
그저 순박한 아이로 돌아가
빨강 노랑 초록 파랑 주홍 보라 검정 분홍...
주님, 주님이 그려 주세요.
저는 그냥, 붓도 되고 물감도 되겠어요.
주님, 주님이 그려 주세요.
주님의 손으로 주님의 마음으로─.

그날

노인의 사망률이 가장 적은 계절은

의외로 가을이래요.

낙엽의 무상함이 오히려 쓸쓸한 허전함을 달래는 거지요.

슬픔의 눈물로 슬픔을 이기는 역수의 인생 공식 하나-.

노인의 사망률이 가장 높은 계절은 이른 봄이라네요.

참고 버텨야 했던 동장군의 위협이 풀어지면서

오히려 삶의 의지가 맥없이 풀리는 거지요.

강하기로 하면 한없이도 강하면서

약하기로 하면 한없이도 약하기만 한 허수의 인생 공식 둘-.

어떻게 죽어야 할지를 알면

어떻게 살아야 할지를 알 수 있어요.

사람들 수명, 지난 세기에 두 배로 늘어났다지요.

어느 시대 사람들도 지금보다 더 건강했던 적이 없지만

요즘 시대만큼 건강 걱정 심하게 하며 산 적이 없다네요.

그래서 더욱 가을 낙엽 같은 무상한 슬픔이 끝도 없네요.

"바로 지금이 최고의 때지요!"

이제는 많이 늙은 카터 전 대통령-.

일생에 최고의 때가 언제였던가 묻는 물음에

"농촌 생활, 주일 학교, 봉사 활동, 지금이 바로 최고의 때"라고

대답했지요.

어떻게 그렇게 살며 그렇게 늙을 수 있을까요?

점점 더 최고의 때를 살다가 홀연히 맞는 죽음의 클라이맥스!

노년의 사도 바울이 디모데를 찾아 부르는 편지-.

"너는 어서 속히 내게로 오라" (딤후 4:9).

"겨울 전에 너는 어서 오라" (딤후 4:21).

그렇게 살며 그렇게 늙을 수 있을까요?

겨울 전에 어서 오라고 부르면 부를 수 있고, 찾으면 달려와 줄

누군가 우리네 인생에도 허락될까요?

그런 누군가로 인하여 결코 외롭지 않은 늘그막!

욕망을 지우면 그때야 소망을 그릴 수 있어요.

들어야 할 것을 듣는 귀,

보아야 할 것을 보는 눈.

욕망은 그것을 가리게 하고 소망은 그것을 열게 하는데,

욕망은 눈앞 가까이에서, 소망은 그 너머 아득함에서

보통 피어나지요.

그럴 때 한 번씩 아득함 너머 그날을 그려봐요.

어떻게 죽어야 할지를 생각하면,

어떻게 살아야 할지가 생각나거든요.

고집쟁이

"네가 나를 사랑하느냐?"

"예, 주님"

"나를 따를 수 있겠어?"

"예 그럼요, 정말 그러고 싶어요."

"이 사람을 사랑해라"

"에이, 그 사람은 안 돼요."

사람들의 사랑은 주님의 사랑과 너무나 달라.

그러면서 어떤 주님을 따르고 싶다는 건지ㅡ.

"자기 십자가를 지고 나를 좇으라."

"네 주님! 그렇게 당신의 제자가 될래요."

"그래 나의 제자여 힘들지만 참고 걸어라"

"……"

"안 되겠어요, 왜 하필이면 저인가요?"
사람들의 십자가는 주님의 십자가와 너무나 달라
그러면서도 누구의, 어떤 제자가 되겠다는 건지―.

한쪽 창문을 닫으실 때
그분은 다른 쪽 창문을 열어 두신다는데,
고개를 도무지 돌리지 못하는 고집쟁이!
그러면서 밥 먹듯 낙심만 하는 변덕쟁이!

맹인을 이끄는 맹도견 한 마리 훈련하려면
엄청난 시간, 엄청난 경비가 든다는데

사료만 먹는 훈련,
 음식의 유혹 때문에 실수할까 봐–
생식 기능 제거,
이성의 유혹 때문에 실수할까 봐–
선택적 복종 훈련, 절대 복종하면서도 위험한 명령은 절대 불복종–
고집 세고 변덕 많은
눈먼 영혼 하나 이끌기 위해
얼마나 많은 시간,
얼마나 많은 일들,
주님, 애쓰고 참고 기다리실까….

왜 우리는 좀 더 아파해 하지 못할까
왜 우리는 좀 더 울지 못할까
왜 우리는 좀 더 고독해 하지 못할까

주님을 따른다 하면서–
주님의 십자가 지겠다 하면서–
왜 우리는 주님의 하신 것처럼
왜 우리는 좀 더 죽지 못할까
에휴, 주님….

고백

한 여행사 간부가 공항의 교환 전화로 아내와 통화를 했습니다.

시간이 되어 급하게 작별하고 탑승구로 향하는데

금방 통화했던 전화벨이 계속 울립니다.

받아 보니 전화 교환원입니다. 그가 이런 말을 건넵니다.

"선생님, 막 끊으신 후에 부인께서 사랑한다고 말씀하시더군요!"

급하게 급하게 살아가느라,

미처 못하는 말들이 참 많습니다.

한다고 하는데 전해지지 못하는 얘기들도 많이 있습니다.

그렇지 않나요? 급하게 급하게 살아가느라−.

헨리 나우웬이 하버드를 떠나 장애인 공동체를 섬기며 말했지요.

'사람을 사람답게 하는 것은 머리가 아니라 마음' 이라고-.
'사람을 사람답게 하는 것은, 생각하는 능력이 아니라
사랑하는 능력' 이라고-

언덕에 높이 올라갈수록 그만큼 바람도 거세지듯,
삶과 신앙의 언덕도 그렇게 한 걸음씩 오를수록
유혹과 시련의 맞바람이 조금씩 강해져요.
그래서 우리들 누구나 사랑과 격려를 필요로 하지요.

믿음의 길, 소망의 언덕에
함께하는 이들의 함께하는 사랑이 있어요.
그런데 급한 마음에 자꾸만 빠뜨리고 자꾸만 잃어버리네요.
주다가 흘리고, 받다가 흘리고, 줄줄줄 줄줄줄….

아픈 것 알아요, 그래서 때로 낙심되는 것도요.
그렇지만 가야 해요, 고통이 사라지면 기회도 사라져요.
사랑의 마음으로 응원하고 있잖아요.
미안해요, 좀 더 많이, 좀 더 자주, 사랑한다 말해 주지 못해서.
그러니까 지금은 잠깐 멈추고 잠깐 제 말만 들어줘요.

"사랑해요, 사랑해요, 사랑합니다."

고맙습니다

톨스토이에 관한 잘 알려진 이야기 한 편 소개합니다.

어느 마을 촌장이 한 청년에게

해가 지기 전에 밟고 돌아오는 땅은 다 주겠다고 했습니다.

조금만 더, 조금만 더.

그 '조금만'의 유혹에 한 발씩 내딛다 보니

너무 먼 길을 가고 맙니다.

결국 열심히 돌아오지만 출발점을 눈앞에 두고

언덕 너머 해는 지고,

탈진한 몸이 와르르 절망과 함께 무너집니다.

조금만 참았을 것을….

욕심에 대한 우리들의 우화는 여기에서 끝나야 했습니다.

과욕의 쓰라린 상처를 딛고 허황되지 않는 삶을

꾸려 가는 것으로 말입니다.

그런데 그렇지 않습니다.

그러기에 세상의 유혹은 너무나

먹음직, 보암직, 탐스럽지 않습니까?

언덕 위에서 사람들이 소리쳤습니다.

"이보게 어서 오라고, 이곳 출발점은 높은 언덕이야! 그곳은 해
가 졌지만 이곳은 아직 해가 지지 않았네, 어서 오라고! 저 땅이
다 네 것이 되는거야!"

탈진한 몸이 벌떡 일어섭니다.

그리고는 마지막 숨을 모아 뛰다가 뛰다가 숨지는 것으로라야

비로소 우리들의 슬픈 우화는 끝나고 맙니다.

마지막 숨 한 방울까지 뚝 떨어지는 것을 보고서야

회심의 미소를 짓고 돌아서는 잔인한 유혹의 그 끈질긴 교활함.

그 앞에 꿋꿋이 마음을 붙잡고 버티며 사는 모습은

가끔씩 안타깝고, 가끔씩은 정말이지 애처롭기까지 합니다.

그렇다 해도, 그것이 정말 외롭고 힘들다 해도

요셉이 그랬듯 다니엘이 그랬듯

돌아보면 그렇게 달려가는 이들의 숨소리가 끊이지 않습니다.

저에게도 그런 소중한 기억들이 모퉁이 골목 언저리마다

숨죽인 채 존재합니다.
그런데 사실은 말이지요, 사실은…
성실과 정직을 고집하다
손해 보고 실패하고 실망한 경우가 너무 많습니다.
그것들을 생각하면 부끄럽고 속상한 맘 누를 수가 없습니다.
누구에게 흔쾌히 그런 이야기들을 할 수 있겠습니까?

주눅 들어 사는 크리스천—.
실패는 사실 누구나 하지요.
그런데 그 실패와 상처를 누구에게도 내어놓을 수 없다면,
그래서 그 때문에 영영 좌절하고 절망해 버린다면,
약한 것을 강하게 하는 우리 주님의 위로와 격려,
은혜와 능력과 사랑은
과연 어느 때, 과연 어느 누구를 위함인가요?

삼풍백화점 사고 후 열다섯 분의 노인을 구출했던 구조대원이
그들에게 다가가 그들을 보는 순간 이렇게 외쳤답니다.
"살아계셔서 고맙습니다."
필사의 구조대원에게 그들의 살아 있는 모습은
눈물겨운 고마움이었다지요.
어둠과 갈등의 세상 가운데서 힘들지만

마음을 지키며 살아들 주십시요.

누군가의 살아 있는 모습을 보면 우리는 서로

두 배 세 배의 힘을 얻습니다.

그런 서로의 모습이 그렇게 돌고 돌아 또 서로에게 힘이 되지요.

실패는 있으나 좌절과 포기는 없는 신앙인의 용기,

그것이 우리를 살게 합니다.

살아 계셔서 고맙습니다, 고맙습니다!

10시 10분

소크라테스가 누명을 쓰고 감옥에 가게 됐습니다.

제자들이 소크라테스에게 묻습니다.

"스승님, 아무런 죄도 짓지 않으셨는데 어떻게 감옥에…"

그러자 소크라테스가 대답합니다.

"그러면 내가 꼭 죄를 짓고 감옥에 들어와야 시원하겠니?"

코미디계의 대부 김경태 장로님이 임종을 맞게 되었습니다.

연예인이라 옷이 많았는데 다 가난한 자들에게 나눠 주라며

자신에게는 제일 낡은 옷을 입혀 달라는 유언하셨습니다.

이 유언을 들은 사모가 한마디 건넵니다.

"그건 안 돼요, 떠나는 길에 어떻게…"

김경태 장로님는 웃으며 대답합니다.

"그러면 나더러 벌거벗고 가란 말이요?"

무디 선생님이 설교하러 단에 올라보니 쪽지가 하나 있었습니다.

광고인가 펼쳐보니 '바보'라고 적혀 있었다지요.
청중을 한 번 둘러본 무디가 이야기합니다.
"어떤 분이 광고를 전달하셨습니다. 그런데 내용은 없고
이름만 적혀 있네요!"

웃음이 없는 삶은 쿠션 없는 수레와 같아,
길 위의 모든 조약돌마다 삐걱대고 덜컹거리게 합니다.
힘들고 지치고 짜증 나고 어려울 때,
한 번씩 웃어 주는 작은 여유가 세상을 바꿔 주지요.
어둠과 밝음은 한곳에 있는데 불을 켜고 끄고의 차이니까요.

한 노인이 도끼를 잃어버렸답니다.
문득 이웃집 아이가 생각나서, 주의 깊게 살펴보니 분명
훔치고도 남을 아이가 맞았습니다.
그런데 다음날 산에 갔다가 그곳에 두고 온
도끼를 찾게 되었다지요.
미안한 마음으로 다시 아이의 태도를 곰곰 살펴보니,
도끼 훔쳐갈 것 같은 구석이 어디 한 군데도 없더라지요?

일본 아오모리의 한 농장에 태풍으로
90%의 사과가 떨어지고 말았답니다.

그때 농장 주인은 떨어지지 않은 10%의 사과에 주목했지요.

"풍속 53.9미터의 태풍에도 떨어지지 않은 사과!"

증명서와 함께 포장해서 대입 기원 상품으로 판매했는데,

기존 사과에 비해 몇십 배의 고가임에도 불구하고

대박이 났더랍니다.

도전하는 인생은 맞바람을 맞습니다.

바이올린 줄은 스트레스를 받게 마련이지만,

그 팽팽함으로 아름다운 음악을 연주합니다.

개나리, 진달래, 철쭉, 백합, 라일락, 튤립….

이 꽃들은 겨울이 없는 나라에서는 아무리 재배를 잘해도

꽃을 피울 수 없다지요.

고통을 이겨 내면서 비로소 피어나는 아름다움이 있습니다.

꽃이 그렇고 악기가 그렇고 우리들 인생이 바로 그렇지요.

힘들고 어렵고 속상할수록

한 번씩 웃음으로 버텨 내는 여유가 필요하지요?

시계 광고는 항상 10시 10분을 가리킵니다.

무의식에서도 웃는 모습이 주는 힘이 있기 때문이지요.

8시 20분 얼굴은 지금 잠시 흔들어 지워 주세요.

마음의 작은 여유가 세상을 바꾸어 보게 합니다.

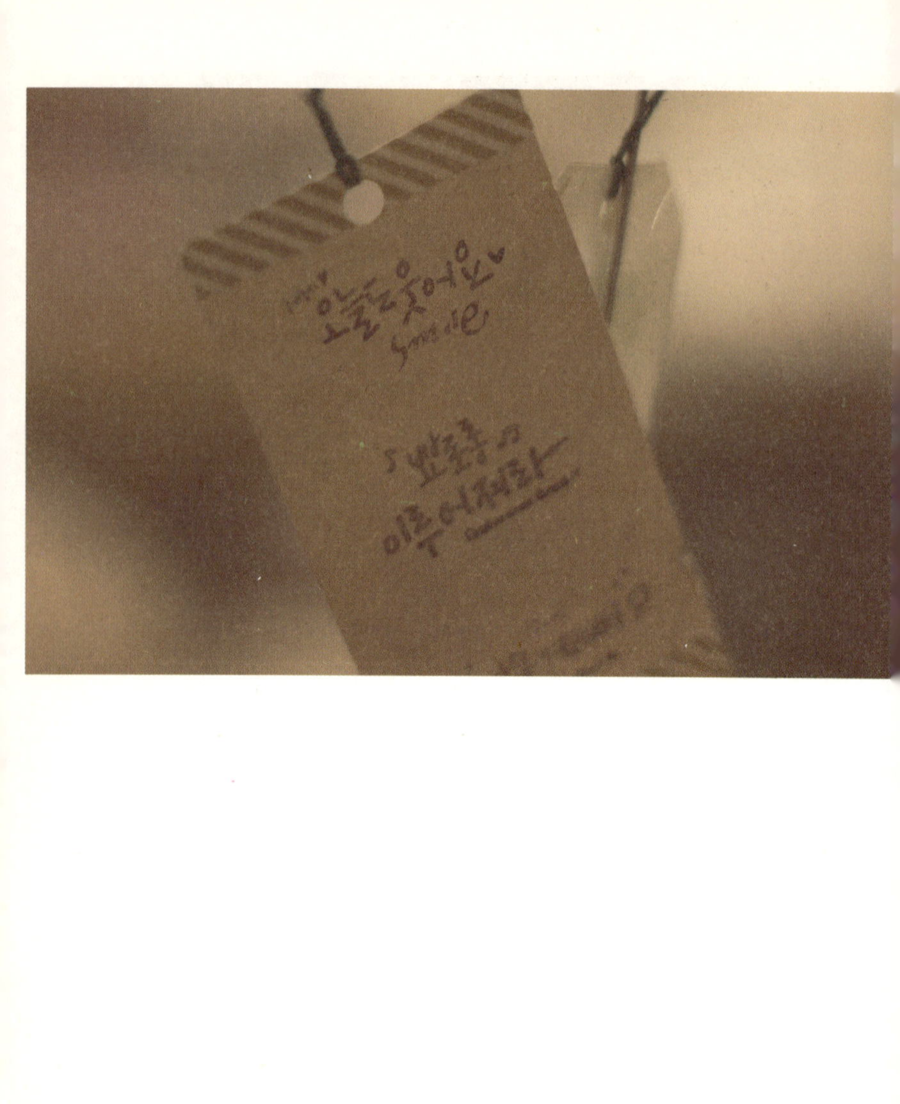

승리자

나중에 바울이 된 사울이 기독교인들을 한참 핍박할 때,
다메섹에서 그에게 주님이 나타나셨습니다.

"어찌 네가 '나'를 핍박하느냐"(행 9:4).

어찌 내 백성을 핍박하느냐 묻지 않으셨던 이유는,
우리의 고통이 그분에게는 그분의 고통이었기 때문이겠죠.

이 세상, 마음을 지키며 승리의 삶을 산다는 것은
고통을 직면하며 희생을 감수한다는 것—

진정으로 강한 자는 온화하면서도 치열하고
현실주의자이면서도 이상주의자이며
아픔에 예민하여 애통할 줄 알되
천국의 위로를 얻을 줄 아는 자-.

한 점령군이 농장을 공격하는데, 현관에서 여인이 막아섭니다.
"부인, 이 집은 이제 우리가 점령하겠소."
여인은 당당하게 빗자루를 든 채, 꿈쩍도 하지 않았지요.

"그 빗자루를 가지고 우리 군대를 이길 수 있다고 생각하시오?"
"아닙니다, 하지만 나는 내가 어느 편이었는지 세상에 알릴 것이오!"

승리자가 된다는 것은 승리군의 편에 선다는 것입니다.
주님의 마지막 설교가 바로 요한복음 16장인데
그 마지막 절의 마지막 당부,

'세상에서는 너희가 환난을 당하나 담대하라 내가 세상을 이기
었노라-.'

우리의 승리는 어려움이 없는 것,
어려움을 물리치는 것에 있지 않아요.

승리군의 편에서 어려움에 굴복하지 않는 것이 곧

우리들의 승리입니다.

주님의 편에서 당하는 우리들의 모든 고통은 주님의 고통입니다.

주님이 이루실 모든 승리는 그분의 편에 서는

우리들의 승리이고요.

성경에서 발전적 변화를 나타내는 동사들은 대부분

수동태로 쓰였지요.

바람직한 변화는 스스로 주도한 대로 이뤄지지 않아요.

스스로 주도하여 이루는 변화는 결국

더 많은 악화의 재를 남길 뿐,

세상의 주인이신 그분이 바꾸어 이루시는 승리만이 영원한

마지막 승리입니다.

그분의 편에서 당하는 고통과 희생-.

그것들이야말로 승리군의 신분을 증명하는 증거, 맞습니다.

성장의 기쁨

저희 집 아이 한 살 때,

기저귀 적셔 놓고 보채며 우는 모습을 보다가

당연한 듯 달려가 갈아 주는 엄마 모습을 보다가

하루는 따져 봤습니다.

'도대체 몇 번을 저래야 소변이라도 좀 가리는 건가?'

대충 계산해 보니 3000번 남짓?

한 생명이 앞가림 좀 하기까지 턱없이 뻔뻔한 시행착오를

그만큼은 해야 한다니!

그리고 엄마는 그 모습을 그렇게 용납하고 받아 주고 있다니….

그러면 과연, 새롭게 태어나 자라가는 한 영혼을 향한 용납,

보살핌과 인내의 한계는?

저희 집 막내가 네 살일 때,

하루는 언니 가위를 써 놓고는

어디 두었는지 찾지를 못하는 겁니다.

언니가 자꾸 나무라니까 열두 살 짜리가 네 살 짜리를

너무 혼낸다고 엄마가 말렸지요.

저녁 때 다시 가위가 필요한 언니가

정말 어디 있는지 모르겠냐고 또 물어보는데,

막내 대답,

"언니야, 나 네 살이잖아!"

언니는 그만 동생이 귀여워 꼭 안아 주고 말았답니다.

가끔씩 우리도 그렇게 당당해지면

주님도 우리를 그렇게 안아 주실까?

"주님! 죄송한 것 참 많아요, 앞으로 더 열심히 할려고요."

"이제 조금씩 더 많이 시작하고 있잖아요, 지켜봐 주세요. 주님!"

저희 집 큰 아이 아홉 살 때,

어느 날 갑자기 학교 가기 싫다 해서 이유를 물어봤더니 새학기 새로 받은 수학책이 문제였습니다.

이제 겨우 구구단을 어렵게 외웠는데 새 책을 받아 보니

아니 세 자리 곱하기가?

할 수 있는데,

세 자리 곱하기 그 이상도 충분히 해낼 수 있는데….

축 처진 아이 어깨도 안아 주고 손도 잡아 주며 열심히 달랬지요.

"힘들지? 필통 사 줄게 힘내서 학교 갈래?

아빠도 되게 힘들었는데 하니까 되더라고,"

그래요, 그렇게 한 발 한 발.

모든 생명은 어렵게 한 걸음씩 자신을 키워 갑니다.

자만의 봉우리, 낙심의 골짝에서 마음을 지켜 내며

자라 가는 성장의 모습!

건강한 성장의 모습은 믿고 이해하며 바라보는 이들의

커다란 기쁨이지요.

토토의
참 잘했어요
푸 어제
첫
걸
음
길

바다 가는 길

산허리 어디선가 옹달샘 물이 솟았습니다.

풀숲 우거진 깊은 산, 풀냄새, 흙냄새와 들꽃, 산바람이 고왔습니다.

그리고 어느 날, 세상을 향한 긴 여행이 시작됩니다.

바위를 만나면 굽이쳐 돌고, 낭떠러지에서는 폭포가 됩니다.

얕은 비바람에 길을 잃고, 작은 추위에도 얼어붙곤 합니다.

많은 만남과 많은 이별들—.

이제는 제법 육중한 물줄기 되어 멀리 바다를 향해 나아가는

강물이 되고 나니,

그때 그 계곡의 요란했던 아픔들이 왠지 그립고 그립습니다.

돌 하나만 던지면 풍덩, 흙탕이 되는 것이

그렇게 못미더워 보이더니

한 굽이만 내려와도 마음껏 퍼 마실 수 있었던

그 맑음이 그립습니다.

겨우겨우 꾸불텅꾸불텅 흘러가는 모습이

그렇게 가벼워만 보이더니,

있는 그대로 따를 수 있었던 그 순수함과 순박함이 너무나 그립고

그 쏟아지는 힘과 에너지의 콸콸대던 소음이 그립고 그립습니다.

계곡의 때를 지나가면서

우리는 그 순수와 열정의 힘을, 살고 부딪히는 일에

정처 없이 쏟아 내고 맙니다.

아니면 우리는 어서 서둘러 강물같이 크고 안정된 모습만

갖고 싶어합니다.

그러다 잃어버리는 것들은 다 어떻게 하고,

그러다 서둘러 헛걸음질치는 것들은 다 어떻게 하고….

오늘도 우리는 새벽 이슬 같은 맑음과 여름 폭포 같은 열정이

그립습니다.

그렇게 붙들고 좀 더 지키며 좀 더 가야 하는

삶의 부름이 있기 때문입니다.

만남Membership의 삶은 이해와 신뢰의 문이 활짝 열린

열림의 삶입니다.

성숙Maturity의 삶은 양육과 훈련의 터가 든든한 채움의

삶입니다.

사역Ministry의 삶은 봉사와 헌신의 땀이 묻어나는 나눔의 삶입니다.

사명Mission의 삶은 전도와 선교의 현장으로 나아가는

드림의 삶입니다.

강물이 되어도 생수의 맑음을 간직하길 바라는 소망으로,

바다에 이르러도 폭포 같은 열정을 간직하길 바라는

기대와 격려로,

우리는 우리의 물길을 노래하며 따라갑니다.

우리를 인도하시는 손길,

우리들 삶의 주인이신 그분의 은혜와 힘이

중력처럼 항상 우리를 이끌고 계시기 때문입니다.

믿음의 도약

카드 한 목에 검은 하트를 몇 장 섞어 넣고는,
한 장 한 장 스크린에 비추는 실험을 했다고 합니다.
실험 결과, 아무도 잘못된 것을 발견하지 못했다네요.
고정관념이 검은 하트를 원래의 빨간 하트로
고쳐 보게 한 것이지요.

보아야 믿을 수 있다고 말들 합니다.
Seeing is believing?
그런데 사실은 믿어야 보입니다.
Believing is seeing!

탕자가 거지 되어 돌아올 때,

그의 모습은 비천한 몰골로 변할 대로 변해 있었습니다.

아버지 모습이야 그동안 변하면 얼마나 변했을까요.

상황을 생각하면 탕자가 먼저 아버지를 알아보는 게 맞는데,

아버지가 먼저, 그것도 아주 먼 거리에서 아들을 찾아냅니다.

아버지는 아들이 돌아올 것을 믿었던 것이고,

아들은 아버지가 기다릴까 차마 상상을 못했던 것이지요.

믿음은 보지 못하는 것들의 증거, 바라는 것들의 실상입니다.

보이면 믿는다고요?

아니요 아니, 믿으면 보입니다.

보여서 믿는 믿음은 믿음이 아니라 인식일 뿐이겠지요.

믿음은 인식의 한계를 높여 주는

좋은 안경 훨씬 그 이상의 이상이지요.

암탉이 달걀을 불러 말합니다.

"내 품에 몇 일간 안겨 있으면 내가 멋진 세상을 보여 주지."

번번이 달걀은 묻습니다.

"그 멋진 세상 한 번만 보여 주면 당신 품에 안기지요."

안타까운 암탉이 또 불러 청하면,

안타까운 달걀은 자꾸만 묻습니다.

"무턱대고 당신 품에 안겼다가 따뜻한 데서 그냥 곯고 말면
어쩐대요?"

믿음의 세계는 인식과 깨달음이 아니라
한 단계 성장한 논리의 도약입니다.
바로 신뢰와 의탁의 세계인 것이지요.
그리고 나서야 깨달아 얻어지는 깨달음.
펼쳐져 얻어지는 확신의 세계.
그래서 믿음의 반대는 불신이 아니라 계산입니다.
보여짐의 세계 그 이상을 구하여 찾는 찾음의 세계.
그곳에서 비로소 믿음은 믿음이 되고,
소망은 곧 소망이 되는데 말이지요.

GPS

박물관 앞에 세워진 조각을 보며
기자들이 조각가에게 물었습니다.

"이 작품의 의미를 한마디로 설명해 주시겠습니까?"
"이봐요, 내가 한마디로 설명할 수 있으면 한마디 하고 끝내지 뭐하러
이것을 이렇게 복잡하게 어렵게 만들었겠소?"

인생이란 무엇입니까?
늙는 것처럼 쉬운 게 없고,
잘 늙는 것처럼 어려운 게 없다는데,
살다가 문득 인생이 참 복잡하고 어렵구나 싶을 때가
꼭 찾아드네요.
힘들고 어려워 결코 간단치 않은 인생의 미로라지만,

그곳에 믿음과 소망과 사랑은 끝까지 영원하다 하셨습니다.

사랑의 반대말은 미움이 아니라 무관심이지요.

믿음의 반대말은 불신이 아니라 계산입니다.

그리고 소망의 반대말은 절망이 아니라,

소망의 반대말은 이 세상에 없어요.

절망의 끝에서도 소망은 피어나는 법.

소망의 반대말은 온 세상을 뒤져도 이 세상엔 없습니다.

국내 첫 200승의 위업을 달성한 투수 송진우-.

야구 선수로는 환갑 나이 32세 때 그는 그냥

100승 남짓의 투수였대요.

예전 스타일을 고수했다면 그의 야구 인생은

일찍 끝나고 말았다지요.

전에는 무조건 타자를 힘들여 삼진으로 잡아야 하는 줄 알았는데,

생각을 바꿔 보니 그렇게 야구가 쉽고 재미있을 수가 없었다는

군요. 맞을 것 맞고 질 것 지는 것도 경기의 부분으로

웃어 받아들이면서

그는 진정한 강자, 롱런하는 투수로 다시 태어났다는군요.

진정으로 강한 사람은 치열하면서도 온화해야 하고

이상을 지키면서도 현실을 품는다지요.

소망의 사슬은 한 번에 하나의 고리밖에 이을 수 없어

마지막의 마지막을 끝도 없이 헤아리면 때로 물음표만
가득 채워지지만
지금 주어진 손안의 고리를 감사로 엮어 가는 마음이
구부러진 물음표를 느낌표로 펴게 하지요.

인생의 길 아무리 복잡하고 어려워도
잃지 않고 찾아가는 방법이 있습니다.
은혜 추적 장치 Grace Positioning System.
지금 주어진 은혜들 감사로 받아 누리며 채워 가면서,
지금 할 수 있는 것들 기쁨으로 내어 베풀며 이뤄 가면서,
GPS가 올바로 작동되는 인생은 미로라 할지라도
더 이상 미로가 아닙니다.

바람 앞에서 독수리는 날개를 펼쳐 하늘을 날고
닭은 머리를 묻어 흙먼지를 맞습니다.
행복은 우리가 느끼는 감정이 아니라
의식적으로 내리는 선택이지요.
어려운 인생 어렵다 생각하면 한없이 힘들고 복잡할 뿐인데
마음을 바꾸면 감사할 일들, 할 수 있는 일들이
떼굴떼굴 천지에 구르는데
오늘 딱 마음먹고 GPS 한 번 작동해 보지 않으실래요?

호수의 품으로

짙은 밤, 비바람.

그것들의 어둠에도 거침에도 여전히 푸른 솔–.

너의 말 없는 꿋꿋함을 닮으면

깊은 밤 어둠에도, 비바람 거침에도,

너처럼 우리 그렇게 하나같이 푸르를 수 있을까?

하늘 햇살, 산봉우리.

그것들의 넓이도 깊이도 여전히 품는 호수–.

너의 말 없는 잔잔함을 닮으면

하늘 햇살 넓이도, 산봉우리 깊이도,

너처럼 우리 그렇게 하나 가득 품어 낼 수 있을까?

푸르름을 불러 떠들썩 요란한 솔은

소나무라 해도 더 이상 소나무가 아니다.
하늘로 산으로 들썩들썩 출렁이는 호수는
호수라 해도 더 이상 호수가 아니다.

빌딩 숲 골목길 달리고 돌아 문득 아득한 세월
분주한 발걸음 붙잡아 몇 발짝 물러서면
그곳에 여전히 서 있는 꿋꿋한 소나무 그 푸르름이 좋아라.
그곳에 여전히 빛나는 잔잔한 호수 그 널따란 품이 좋아라.

part.. Two
캠핑

part.. Two
캠핑

일생에 보름달 천 번 보면 더없는 행운이래요.

보름 열세 번이 1년이니까 천 번이면

77년을 뜰 때마다 봐야 하는데,

비구름에 숨은 것은 몇 번이며,

하늘은 또 얼마나 보지도 않고 살아가는지—.

오늘 문득 무심코 올려 본 하늘에서 용케 보름달을 만났네요.

그러니까 이건, 행운의 하나를 잡은 건가요,

행운의 하나를 잃은 건가요?

이렇게 몇십 번 몇 백 번 헤아리면 인생은 끝이고 마는 것인데…

늙은 코끼리는 물 먹을 때 앞발로 물을 한 번 꼭 젓는다지요?

학자들 말로는 물에 비친 자신의 늙은 주름살이

보기 싫어서라는군요.

코끼리도 그렇게 늙음이 싫고, 죽음을 다른 동물에게

보이지도 않으려 한다지만,

보름달 몇 번에 성큼성큼, 세월의 걸음을 그 큰 코끼리 덩치도

어찌 못하네요.

이렇게 세월이 야속할 때 문득 떠오르는 캠핑의 추억들이 있어요.

좁은 텐트에 몸만 숨긴 채 쪼르르 내어 놓은 발들과

빗물에 말아 먹은 자장밥.

밥 나르다 엎어 버린 카레와 석유 하고 바꿔 얻은 쌀 한 줌,
찢어진 텐트에 흘러들던 빗물과 차비 떨어져 걷고 또 걷던
시골의 밤길.
그것들이 추억으로 너무나 즐거운 이유 딱 하나,
캠핑이었으니까요-.

인생을 살아가는 두 가지 기준이 있습니다.
지금이 마지막 승부인 마지노 인생과, 돌아갈 고향을 남겨 둔
나그네 인생.
집이 좁아 누울 곳도 없다면 분명 고통이지만, 그것이 캠핑이라면.
집에 쌀이 없어 석유와 바꿔야 한다면 슬픔이지만,
그것이 나그네 여행길이라면.

믿음의 조상 아브라함, 이삭, 야곱을 향해 성경은 이렇게 말합니다.

'이 사람들은 다 믿음을 따라 죽었으며… 땅에서는 외국인과 나
그네임을 증언하였으니 그들이 이같이 말하는 것을 자기들이 본
향 찾는 자임을 나타냄이라' (히 11:13-14).

타이타닉의 디카프리오는 영화에서 아주아주 가난한
건달 역을 맡았지요.

약혼녀에게 엄청난 다이아몬드를 선물하는 귀족과
완전히 대조가 되는.
그러나 최고의 개런티, 최고 배우의 영예는 바로
그의 것이 되었습니다.
맡은 역할을 충실히 한 것으로 배우 디카프리오는
최고의 평가를 받은 거지요.

'종교적' 인 사람이 되는 것만큼 지루한 것도 없습니다.
그러나 '그리스도인' 이 되는 것만큼
정말 흥미진진한 것도 없는 듯싶습니다.

본향을 소망하는 나그네 되어,
캠핑의 추억을 제대로 누릴 수만 있다면 말이지요.
주어진 순간 주어진 역할에서 최고의 작품,
최고의 사연들 만들어 가며,
천국까지 가져갈 소중한 추억들 채워 가는 소중한 하루,
바로 소중한 오늘입니다.

위로자

요셉이라는 레위인이 있었습니다.

그가 어찌나 격려와 위로의 사람인지

사도들이 그를 바나바Son of Encouragement: 위로의 아들라 불렀습니다

(행 4:36).

그를 통해 바울이 세워지고, 마가가 세워지고, 하나님의 나라가

세워져 갔습니다.

바나바, 저는 바나바가 좋습니다.

그리고 그 이름을 좋아합니다.

주님 잡히시던 그날 밤,

그분은 제자들에게 성령을 약속해 주셨습니다.

그리고 그의 이름을 위로자(보혜사)라 칭하셨습니다(요 14:26).

그분을 통해 하나님의 나라는 이 세상 땅끝까지 세워질 것입니다.

저는 보혜사 성령님이 좋습니다.
그리고 그 이름이 참으로 좋습니다.

격려가 없이는 쓰러질 듯 비틀거릴 때,
위로자―.
그분의 이름은 위로자―.
그분의 이름을 잘 생각해 보면
위로가 필요 없는 편안한 삶이 이상합니다.
이상하지 않은가요?

느헤미야는 예루살렘 성 재건의 꿈이 있었습니다.
훼파된 하나님의 나라를 생각하는 아픔이 있었습니다.
그리고 운명처럼, 그의 이름은
'하나님의 위로' 였습니다.
저는 느헤미야의 이 이름이 정말 좋습니다.

훼손된 하나님의 나라가 재건되는 부흥의 현장에는
언제나 위로와 격려가 있습니다.
하나님의 위로, 성령님의 위로, 성도들의 위로―.
신앙의 길은 끊임없는 결단과 헌신의 길이며,
따라서 항상 위로와 격려가 필요합니다.

요술 항아리

쌀이 절반 채워진 요술 항아리가 있습니다.

그 이상은 아무리 채워도 채워지지 않고,

그 이하는 아무리 비워도 다시 채워지는 요술 항아리—.

누구에게나 똑같은 바로 그 항아리를 가지고

어떤 사람들은 절반이 부족하니 끌어 모아 채우느라

끝없이 노력하고,

어떤 사람들은 있는 만큼 끝없이 베푸는데

여전히 채워져 모자람이 없습니다.

사람들 마음에도 그런 항아리가 있어요.

한쪽은 비어 있고 또 한쪽은 채워진 요술 항아리—.

비어 있는 허전함을 채우려 들 때는 채워도 채워도

또 다른 공허함뿐인데,

있는 만큼 나누며 베풀려 들면 꼭 그만큼

또 다시 채워지는 충족의 비밀!

'90대 10'의 이론이 있습니다.

두 사람이 서로 알맞게 주고받는 아주 정상적인 균형의 관계일 때,

서로 각자는 상대에게 90만큼 해 주고 10만큼 받는다고

느끼게 된대요.

내가 해 준 하나는 열 배로 기억하고

남이 해 준 하나는 십분의 일로 간직하면서….

성경은 그런 인간의 못난 마음을 이렇게 설명합니다.

만 달란트약3조원 빚진 자가 임금에게 탕감을 받았대요.

기뻐하며 가다가 백 데나리온약5백만원 빚진 자를 만나게 되는데,

늦게 갚는다고 괘씸해서 옥에 가두고 말았다지요(마 18).

사도 베드로가 그런 소리를 들었으니, 하물며 우리들이야–!

관계의 방정식은 미지수가 많아요.

열심히 풀고 계산해 보았자 우리가 내는 답은 엉터리지요.

하늘의 약속을 대입하게 되면서, 그때야 스르르 실마리가 풀립니다.
나눔과 베풂의 값이 보이고, 기쁨으로 채워지는
충족의 비밀이 있어요.
사랑과 만남의 조화는 그렇게 꿈같이 시작됩니다.

2차대전 한 비행기 조종사가 한 여인과 펜팔을 했다지요.
전쟁의 불안, 긴장 중에서도 그 편지는
많은 위로와 용기를 주었대요.
드디어 전쟁이 끝나고, 역에서 여인이 꽃 들고 서 있기로
약속을 했는데,
그날 그 역 대합실에는 한 뚱뚱한 아줌마가 꽃을 들고 있었대요.
실망한 마음에 그냥 지나칠까 망설이다가
'약속'을 지키려고 다가갔는데,
그 아줌마 반가워하면서 청년에게 말했대요.

"한 멋진 아가씨가 이 꽃을 주면서, 누군가가 말을 걸면
건너편 찻집에서 기다리고 있다고 전해 달라더군요."

사랑한다 하시는 하늘의 '약속'을 믿으면,
더하기 빼기 인생살이 방정식이 달라집니다.

나누며 베풀며 사랑하지 않으면,

찾지도 누리지도 못하는 비밀을 봅니다.

절망도 되고 소망도 되는 요술 항아리에 담겨진 비밀ㅡ.

아름다운 눈

우리들 마음의 눈-.
여름엔 파란 것만 보아 파랄 것이고
겨울엔 하얀 것만 보아 하얗다지요.

그렇게 우리들 마음의 눈-.
아름다움을 보게 되면 아름다운 눈이 되고
소중함을 보게 되면 소중한 눈이 됩니다.

청년의 때가 행복한 것은
때 묻지 않은 눈으로 아름다움을 볼 줄 알기 때문입니다.
그래서 아름다움을 볼 줄 아는 사람은 늙지 않는다지요.
아름다움을 아름다움으로 보며 빛나는 눈은 언제나
청춘처럼 아름다워요.

자신의 잘못이 보이지 않는 인간은 바보 아니면 위선자라지요.
잘못은 분명 부끄러운 것이지만,
잘못을 뉘우치는 것은 결코 부끄러워 말아야 합니다.
반성하는 자가 서 있는 땅은 성자가 서 있는 땅보다 거룩합니다.
끊임없이 자신을 돌아보며 비추는 맑은 거울의 눈 역시
아름답습니다.

인생의 기회는 적지 않으나
볼 줄 아는 눈과 붙잡을 줄 아는 의지가 함께 있을 때
그것은 비로소 기회가 되지요.
아득히 인생의 끝을 그려 보면서 소망의 기회를 잡아내는
신념의 시각,
소명과 기회의 길 줄기 따라 넓고도 멀게 내다보는 망원경의
그윽한 눈도 아름다워요.

'주의 말씀은 내 발에 등이요 내 길에 빛이니이다' (시 119:105).

빛을 비추어 멀리 갈 길을 보듯,
등을 비추어 바로 앞의 발걸음도 지켜야지요?
대부분의 꿈은 끝까지 한 번에 그려지지 않아요.
한 번에 하나씩 하나의 고리를 이어 소망의 사슬을 끝내
이어 내는 성실의 시각,
지금 눈앞에서 찾을 것 찾아 이룰 것 이루는 현미경의 밝은 눈도
아름답지요.

하와이에 밍크코트 장사가 가게를 열었대요.
그렇게 더운 곳에 웬 코트 장사냐고 다들 비웃었다는데,
이 가게, 예상을 깨고 엄청난 성공을 거두었다지요.

하와이에 오는 관광객 대부분이 아주 추운 지방 사람들이었거든요.
한 번 뒤집어, 감춰진 핵심을 꿰뚫어 바라보는 깊이의 시각,
보이지 않는 것을 다시 한 번 고뇌하며 찾아내는 통찰의 눈은
아름다워요.

우리들 마음에 눈이 있다면,
여름엔 파랑을 보아 파랗고
겨울에는 하양을 보아 하얗다지만
우리들 마음에 눈이 있다면,
봄 여름 가을 겨울 언제나 아름답고 소중한 것들 바라보면서
봄 여름 가을 겨울 언제나 아름답고 소중하게 빛날 수 있기를
기도하는데
그렇게 기도하며
감아 버려 보이지 않는 눈,

생각해 보니 그 눈이 정말 아름다운 눈이네요.

사랑의 날개

여자의 마음은 조개와 같다고 합니다.

굳게 다문 껍질이 돌덩이와 같은데,

껍질을 한 번 열고 보면 온통 여리고 여린 살뿐이라는 거지요.

어디 여자뿐이겠습니까?

우리들 사람의 마음이 모두 그렇지 않은가요?

사랑하며 사랑하며 살고 싶은 것을.

그러고 싶은 사람끼리 만나서도 그게 그렇게 쉽지가 않습니다.

한없이 내어 터뜨리고 싶은 사랑의 불꽃들은

몇 가닥 자존심과 허욕과 게으름의 껍질 속에 들어앉아,

이따금씩 빠끔 들이쉬는 숨으로 겨우 가물가물 타게 됩니다.

비도 순수하고 대지도 순수한데 둘은 만나 흙탕물을 이루고,

향기 그득할 우리들의 꽃밭엔

비닐 막과 가시울타리가 우뚝 섰습니다.

싫지 않으신가요?

정말 싫습니다.

사랑은 주는 것이라고 합니다.

받으려 들 때는 자꾸만 타들어 가는 끝없는 목마름,

주려고 들 때는 서로를 채우고도 남도록 넘치는 사랑의 조화.

그 깊은 뜻 차마 다 헤아려 깨닫지 못한다 해도

사랑은 참으로 주는 것,

바로 그렇습니다.

그런데 어디, 가진 게 있어야 주지요.

섣불리 경기장에 뛰어든 마라토너 선수처럼,

애써 자기의 마음을 가꾸지 않은 채

사랑의 모래밭에 뛰어든 사람은

힘들어, 힘들어, 한숨만 지으며 그저 쉽게 포기하고 말아요.

가장 소중한 사랑의 친구는 스스로의 마음일 듯싶습니다.

무릇 지킬 만한 것보다 더욱 마음을 지키라고 했습니다(잠 4:23).

스스로의 마음과 따뜻하게 사귀지 못하는 사람은
나눔의 문도, 진실의 문도 열지 못한 채 쉽게 상처만 받지요.
철이 철을 날카롭게 하듯 사람이 그 친구의
얼굴을 빛나게 하는데(잠 27:17)
돌과 나무가 만나 무엇이 무엇을 빛나게 하겠습니까?

참 만남과 나눔의 터에는 소망을 향한
힘찬 숨결들이 채워져 있습니다.
스스로의 마음과 삶을 꿋꿋이 일구는 땀방울 걸음으로,
질기디 질긴 껍질 몇 겹 용기 있게 벗어 내는 신뢰의 달음질로,
우리를 부르시는 부르심의 길, 함께 날아오르는
참 사랑의 날갯짓으로-.

'두 사람이 한 사람보다 나음은 그들이 수고함으로 좋은 상을 얻
을 것임이라 혹시 그들이 넘어지면 하나가 그 동무를 붙들어 일
으키려니와 홀로 있어 넘어지고 붙들어 일으킬 자가 없는 자에
게는 화가 있으리라'(전 4:9-10).

빈 잔

김원식님이 지은 '추수감사절' -.

사람이 죽으면 씨앗이 되고, 30배 60배 열매를 맺고,

그렇게 살아가는 사람들이 있다는데, 나는 이렇게 어설프게 살고 있다.

잎 없는 가지 바람이 불면, 빈 잔 들고 가는 사람들의 뒤를 따라 나도 간다.

살아간다는 것은 빈 잔이 늘어간다는, 채무가 늘어간다는 이야기가 된다.

빈 잔을 놓고 드리는 기도 속에 고향이 담겨 온다.

과수원에서 아버지가 들려주신 성구-

한 해만 참아 주시면, 정녕 한 해만 참아 주시면.

가지지 못한 사람에게 가진 것을 나누는 것은

자선을 하는 것이 아니라, 빚을 갚는 것입니다.

우리에게 은사는 과시하거나 불평하라고 주어지지 않았지요.
이 땅에 베풀라고 주신 은사를 혼자서 과시하고 있으니
열매가 없을 수밖에.
남들 도우라고 남들에게 없는 은사를 주셨는데
나만큼 하지 못하는 남들 지적하고 불평하느라 바쁘니
열매가 없을 수밖에.

사랑한다는 말, 그리고 믿는다는 말, 그 간단한 말 딱 두 마디면
적어도 사람들이 삐뚤어지지도 절망하지도 않는다는데
사랑과 믿음으로 베풀며 채워 주다 마치 자기는
가난뱅이라도 되고 말 듯이
줄 수 있을 때 줄 수 있는 것 주지 못하고
빈 잔만 늘어가는 어설픈 인생-.

모리 교수님이 죽음을 앞두고 사람들 앞에서 했던 마지막 강의.

"내가 줄 수 있는 것을 남들에게 주는 것이 진정한 만족을 줍니다. 다른
사람에게 무엇을 준다는 것은 내가 살아 있다는 기분을 느끼게 해줘요.
그들에게 베풀 때 나에게 돌아오 는 것이 너무 많아 압도당할 정도지요!"

줄 수 있을 때 줄 수 있는 기회들 놓치지 마세요.

사랑한다, 믿는다, 말할 수 있을 때 표현하세요.

그렇게 말할 수 있는 기회도 많지 않으니까요.

나이가 많아지면 현명해진다 하지만,

나이가 많아지면 사실 조심성이 많아집니다.

지금 할 수 있는 것을 못한다면,

나중에 언젠가는 그만큼도 못하거든요.

지혜로운 자는 가장 어리석은 자에게도 무언가를 배우고

어리석은 자는 가장 지혜로운 자에게도

아무런 배움이 없다는데

지혜로운 자는 가장 없는 중에서도 남에게 줄 것을 줄 줄 알고

어리석은 자는 가장 많은 중에서도 줄 생각을 못하는

영원한 빈 잔이지요.

봄비

하늘은 땅을 향해 햇살과 비를 내리고,

땅은 하늘을 향해 줄기와 가지를 내고,

하늘의 낮아짐과 땅의 올려짐이 그렇게 만나는 곳에

이파리와 꽃과 충일의 열매가 맺듯,

우릴 향해 내리시는 하늘의 은총,

하늘 향해 올려지는 우리들의 꿈.

은총의 낮아짐과 소망의 올려짐이 만나는 곳에

그렇게 우리들 삶의 열매는 꿈처럼 맺히지요.

힘차게 뻗은 가지와 줄기.

그들에게 있는 감춰진 비밀이 있어요.

하늘을 향한 올려짐만큼

땅속으로 뻗는 뿌리의 고통과 아픔.

어둠과 막막함을 뚫는 몸부림.

고통의 뿌리와

소망의 줄기는 함께 자라나는 것.

고통과 기쁨은

어느 한쪽 없이 결코 존재할 수 없는 결합체,

서로 등을 돌리고 붙어 있는 샴쌍둥이.

그래서 가끔씩,

곰곰 생각하면 햇살보다 비가 더 고마워요.

햇살은 줄기에만 내리고

비는 뿌리까지 적셔 주거든요.

봄비와 나뭇가지의 만남을 지켜보다가,

아득히 결실의 축복을 그려 보다가,

문득,

뿌리의 아픔이 생각나서는…

"봄비여 – 땅 깊이

 초옥촉 찾아가시어

어둠을 이기는 뿌리들 좀 적셔 주시오!

상처로 찢긴 뿌리 있거든 부디 찾아가 가득 좀 적셔 주시오!"

뿌리의 아픔과 고통과 상처들 때문에,

꿈과 소망은 가지로 뻗어 하늘을 만나지요.

그 뿌리에게 하늘 위로와 격려의 숨결이 스며지는 날.

그래 오늘 같은 날.

봄비 부슬부슬 흩어져 내리는 날.

이럴 때 마시는 커피는 설탕 없이 마셔야 딱인데….

숯검댕이 뛰는 가슴

히말라야 셀퍼 부족에 나이 많은 한 노인이 돌아가시게 됐는데,
마을 사람들에게 이상한 유언을 남겼답니다.
죽으면 자신의 허파를 잘라 한 번 확인해 달라고―.
아마도 건포도처럼 말라 비틀어져 있을 거라고―.

등산객의 짐을 날라 주며 평생 살아가는 이들 셸퍼 부족에게는
신이 그곳에 산을 지은 것이 인간의 힘으로 오를 수 있기
때문이라는, 전설처럼 오래도록 간직하며
전해 오는 믿음이 있었답니다.
그래서 이 노인, 산소마스크도 쓰지 않고 평생 산을 오른 거지요.
산소가 부족하면 허파에 남은 마지막 숨 한 방울 쥐어짜면서,
그 고통이 오죽했으면, 그 순간 건포도처럼 말라 있을 허파를
떠올렸을까?

살아가며 가끔씩, 그분의 마지막 유언을 생각하게 됩니다.
우리는 무엇을 위해 건포도가 되도록 가슴을 쥐어짜며
살아가고 있습니까?
그것을 생각하다 뒤척뒤척 밤을 하얗게 새우는 열정의 숨 방울.
그것을 위해서라면 아까운가 아깝지 않은가 따질 필요도 없는
그 무엇—.
바로 그것을 위한 믿음과 헌신으로 쥐어짜며 타드는
가슴의 고통 말입니다.

90퍼센트의 사랑은 30퍼센트의 사랑만 못합니다.
30의 사랑은 서로 줄 것도 받을 것도 그다지
기대하지 않아요.
그래서 적당히 만족하고 적당히 위해 주며 적당히 타협하는
즐거움을 누립니다.
90의 사랑은 거의 모든 것을 내어 주다가, 그만큼 기대하며
그만큼 쏟아 주다가, 채워지지 않는 10을 헤아리며
끊임없이 서로 분노와 실망으로 곪아만 가지요.
그 마지막 10을 내어 주지 못하면 90의 사랑은
정말이지 30의 사랑만 못합니다.

90퍼센트의 헌신은 30퍼센트의 헌신만 못합니다.

진정한 헌신의 열쇠는 마지막 10을 드리는 데 있습니다.

그렇지 않고서는 헌신의 열정만큼 분노와 실망으로

상처만 키우고 말지요.

인생 문이 막히는 것을 경험하는 사람이

하늘 문이 열리는 것을 경험합니다.

막다른 골목의 마지막 순간까지,

나머지 10을 지켜 내는 '다함'의 헌신!

그 헌신의 숨 가쁜 걸음들로 하늘의 뜻은 결국

이 땅에서 꿈처럼 이뤄지지요.

인생을 향한 부르심의 언덕,

3부 능선은 오를 만한데 9부 능선은 왜 그리 숨이 차 헉헉

포기하고만 싶은지.

그 고통의 호흡으로 가슴은 비록 건포도 숯검정 되어도,

가야 할 길을 가는 자의 가슴에 뛰는 믿음과 소망의 맥박.

숯.검.댕.이. 뛰.는. 가.슴.

그것이 오늘도 우리를 살게 합니다.

Allwaws wanting to sing hope

희망을 노래하고픈 마음에게

모시는 글

초대합니다.

생일이거든요.

저의 생일은 굉장히 긴데, 굉장히 짧아요.

그래서 시간이 많은데, 시간이 없네요.

모두들 소망하는 멋진 차림상,

결실과 수확의 풍성함으로 잔치 준비 좀 한다고 했지요.

게다가 제가 멋 좀 부릴 줄 알거든요.

색상 감각도 좀 있다고 하고, 쾌적한 분위기도 좀 낼 줄 알고요.

어둡고 아플 때마다 이때를 참 많이 꿈꿨어요.

그러면 힘이 났지요.

그런데 이상하지요?

생일의 기쁨, 그 반은 슬픔이네요.

누렇게 말라 지치고 시들어 병든 모습이 그 안에 있거든요.

이럴 줄 알았으면 지난날 기다림을 좀 더 아껴둘 것을―.

모두들 오셔서 생일잔치를 즐겨 주세요.

정말 많이 준비했으니까요.

혹시나 저의 병든 모습에 비웃거나 실망은 말아 주세요.

모든 소중한 것들은 값이 있는 것.

상처야말로 잔치에 지불한 값이니까요.

아 참―.

저의 이름은 가을입니다.

매년 길고도 짧은 결실의 계절이 홀연히 찾아오면

기쁨 반, 슬픔 반의 분주함으로 생일잔치 상차림을 시작하지요.

그런데 저의 진짜 꿈은

낙엽도 앙상한 슬픔도 없을 저의 마지막 생일입니다.

사실은, 그날 큰 추수 잔치에 여러분 모두를 초대하고 싶습니다.

그때 말고는 언제든 기다림을 아껴 주세요.

결실의 기쁨, 그 반은 슬픔이거든요.

다시 찾을 에덴의 온전한 가을, 영원한 소망의 잔치, 마지막 천국,

결실의 그때 말고는―.

망년

한 해가 저물어 갑니다.

해는 진흙을 말려서 굳게도 하고, 얼음을 녹여서 흐르게도 하지요.

망년의 때는 망년의 때인데, 잊을 망자忘 망년 아니면 바랄 망望?

거실에서 아이들이 뭐라 뭐라 쉴 새 없이 쫑알댑니다.

집 앞 과일 가게에 석류가 있길래 사서 나눠 줬더니,

옥수수 같다며 깔깔 호호 저렇게 재미나게 '석류 놀이' 하네요.

문 한 칸 너머로 들리는 소리들이 이어졌다 끊어졌다

꿈처럼 아스란합니다.

그렇게 아스란했던 시절—

박카스 상자 하나만 있으면 자동차도 되었다 말도 되었다

집도 되었다가….
한나절도 넘게 행복했던 소중한 시절이 저에게도 있었는데—

우리들 나그네 인생길,
지나온 길에는 가로수처럼 그리움과 아쉬움이 늘어서 있네요.
앞길에는 설렘과 두려움이 왼편 오른편, 그렇게 늘어서 있습니다.
그리고 그 길에 수없이 지나는 어둠의 터널들,
그 터널마다 이름 있는 것 아세요?
들어갈 때, 지날 때는 모르는데
빠져나와 돌아보면 또렷이 새겨진 이름들!
제1소망터널, 제2소망터널, 제3소망터널….
아, 지금 생각해 보니 그 소망의 터널에서 어둠으로
가장 절망할 때는
출구가 가장 가까운 마지막 때로군요.

죽을 때까지 그 누구도 행복하다 말하지 말라고,
시인 솔론이 노래했지요.
생명이 다할 때까지는 아무것도 끝난 듯이 말하지 말아요.
아쉬움도 그리움도, 슬픔도 기쁨도,
그대로 그렇게 끝난 듯이 제발 말하지 말아요.
석양이 아름다우면 밤이 가깝듯, 밤이 깊으면 새벽이 가깝지요.

그렇게 우리들 삶은 아침이 되었다 저녁이 되었다,

저녁이 되었다 아침이 됩니다.

생명이 다하기까지 그것은 들숨 날숨.

생명의 힘찬 약동일 뿐이지요.

부요한 나라 사람들은 기도할 때 주로 어둠을 물리쳐 달라고

기도하고

가난한 나라 사람들은 기도할 때 주로 어둠 견딜 힘을 달라고

기도한대요.

정오의 태양만 끝없이 계속되리라 생각지도 말고 바라지도 말아요.

그렇게 부요함에 익숙해지면 하늘의 뜻이 아니라

자신의 뜻을 구하게 되거든요.

아쉬움의 후회들 잊을 망 자忘 망년에 묻고

소망의 꿈들 바랄 망 자望 망년에 담아,

우리 함께 얼음은 녹이고 진흙은 굳히는 새해를 기다려요.

지금 이때가, 언젠가 돌아보면 그리도 그립고 그리도 소중한

바로 그때일 테니까요.

마이너스의 때

얼굴에 내리는 비는 우산으로 막는데

마음에 내리는 비는 우산으로 막을 수 없어

그대로 추위에 젖고 그대로 슬픔에 잠기고 마는데

꼭 그때 찾아와 마음의 우산이 되어 준 사람–.

강으로 막힌 길은 다리로 건너는데

마음을 막아 흐르는 강은 다리로 건널 수 없어

그대로 단절의 둑을 쌓고 그대로 쓸쓸히 돌아서고 마는데

꼭 그때 찾아와 마음의 다리가 되어 준 사람–.

방을 덮은 어둠은 등불로 밝혀 이겨 내는데
마음을 덮은 어둠은 등불로 밝힐 수 없어
그대로 좌절의 상실에 빠져 그대로 눈멀어 주저앉고 마는데
꼭 그때 찾아와 마음의 등불이 되어 준 사람-.

슬픈 우리 인생길 슬픔과 아픔 나누어 막아 주며 하루 한 해,
외로운 인생길 고독과 단절의 쓸쓸함 채워 주며 이어 주며
하루 또 한 해,
어두운 인생길 좌절과 방황의 답답함 밝혀 주며 끌어 주며
또 하루, 또 한 해.
걸음걸음 아득히 달려온 함께함의 세월들 문득 헤아려
꼽아 보는 날.

백혈구가 고름을 만들어 바이러스를 격퇴시키듯
삶의 시련과 상처는 고통을 통해 딱지가 앉고 새살이 돋는데,
그 치열한 싸움의 흔적마다 믿어 주고 함께해 준
고마운 마음들이 있습니다.
그래서 이제는 제 차렙니다.
힘들어 하는 마음을 제가 지켜야 합니다.
사랑하는 이를 믿어 주지 못하는 것은
사랑하는 이에게 속는 것보다

몇 갑절 부끄러운 일이기 때문입니다.

플러스 100, 마이너스 50의 원리가 있습니다.

100에서 100%를 남기면 200이 되는데

그 200에서 50%만 잃으면 다시 100이 되고 말아요.

100에서 100%를 남기고 100%를 잃으면 제자리가 아니라

제로, 곧 파산이지요.

인생이 그렇고 경제가 그렇고 인간관계가 모두 그렇습니다.

잘할 때, 좋을 때, 많이 쌓는 것도 중요하지만,

어려울 때, 싫을 때, 얼마나 적게 잃는가 하는 것은

정말 몇 배나 더 중요합니다.

인생의 참 실력은 좌절과 상실의 곳에서 훨씬 많이 필요해요.

힘들고 지치고 속상한 마이너스의 때에 적게 무너지고

빨리 일어서는 것입니다.

한 걸음 나갔다 한 걸음 물러서면 제자리쯤 되리라 생각하지만

그렇게 반복하며 사실은 후퇴하다가

결국 무너지고 마는 것이 인생이지요.

슬픔과 외로움, 어둠의 곳에서 믿음으로 함께하는 것이 사랑입니다.

그 사랑의 마음들이 없었더라면

잘할 때 잘하는 듯 달려온 길이라도

여전히 마이너스 뒷걸음일 터인데,

그때마다 믿어 주며 함께해 준 고마운 마음들이 있습니다.

그래서 이제는 제 차렙니다.

제가 더 믿어 주고 더 응원하며 더 기도해야 합니다.

삶을 지켜 내는 한,

모두에게 있을 슬픔과 외로움,

막막한 어둠들 때문이지요.

마음 찾기

아프리카에 한 여행객이 원주민에게 짐 운반을 맡겼답니다.
첫날 아주 빠르게 먼 길을 여행했는데,
다음날 모두 꼼짝도 하지를 않는 겁니다.
이유를 물었더니 그들의 대답은,
"몸이 너무 빨리 오는 바람에 이제 마음이 따라오기를 기다려요."

우매한 말이라 우습게 들리더니 곰곰 생각할수록
참 지혜로운 말입니다.
삶에 매달려 힘을 다해 열심히 달리다 보면
우리의 마음과 영혼은 헉헉 숨이 차, 어딘가에 주저앉아 있습니다.
텅 빈 마음의 공간이 왠지 허전한데,
그것이 불안해 허겁지겁 다시 달리는 쳇바퀴, 쳇바퀴….

'우리에게 우리 날 계수함을 가르치사 지혜로운 마음을 얻게 하
소서 주 우리 하나님의 은총을 우리에게 내리게 하사 우리 손이
행한 일을 우리에게 견고하게 하소서 우리 손이 행한 일을 견고
케 하소서' (시 90:12, 17).

우리에게 참된 계수의 가르침을 주십시오.
참 소망의 더하기 빼기 곱하기 나누기.
봄꽃, 여름 햇살, 가을 낙엽, 겨울 눈.

그렇게 그려 내는 성숙의 나이테, 그 계수의 가르침을 주십시오.

그 가르침에 참 지혜의 마음을 더하여 주십시오.
주 우리 하나님의 은총이 없이는
빨리 달리면 달릴수록 멀리 달리면 달릴수록
방황의 언덕에 오르는 것을, 곤고의 광야에 이르는 것을—.
무릎 치며 고백함으로 견고함에 이르는 지혜의 가르침을 주십시오.

어려움은 인간을 만들고, 행운은 악마를 만든다는데
그저 어서 달려 어려움을 뿌리치마 하고,
그저 어서 달려 행운을 잡아보마 하고,
정말 소중한 것들의 의미 하나둘씩 잃어만 가는 우리의 삶에
부디 돌아봄의 마음, 참 깨달음의 지혜를 채워 주십시오.

훌쩍 봄인가 하면, 훌쩍 여름, 그러고는 훌쩍 가을, 겨울입니다.
세월의 빠름도 빠름이지만
좇아 달리는 분주함의 속도도 엄청나네요.
가끔씩 발걸음 잠깐 멈춰 서서
영혼과 마음을 조용히 기다려 봐요.
정말 소중한 것들이 아직 따라오지 못하고 있는지 모르니까요.

두 마음

우리들 마음은 두 개의 땅으로 나뉘어 있습니다.
밝음의 마음과 어둠의 마음-.

밝음의 마음에는 햇살과 꽃과 나무, 열매가 넘치지요.
모퉁이에 걸터앉아 울어도 보고, 웃어도 봅니다.
그럴 때 그곳을 우리는 정말 좋아합니다.

어둠의 마음에는 차가운 바람과 가시나무, 침침한 동굴이 있습니다.
그것들이 너무나 싫어서 다시는 가고 싶지 않은데,
어찌어찌 어쩌다 보면, 어느새 그곳에 엎어져 뒹굴고 있네요.

밝음의 마음은 소망, 사랑, 신뢰, 용기, 따뜻함과 인내를 담고 있고,
어둠의 마음은 절망, 미움, 원망, 차가움과 불신을 담고 있지요.
두 마음이 싸우면 밝음의 마음은 너무나 힘겹습니다.
'어둠'은 모든 방법과 가능한 무기를 다 동원하는데,
'밝음'은 쉽게 아무렇게 함부로 할 수가 없기 때문입니다.

버티다 버티다 힘들면,
밝음의 마음에게 그만 회의와 의심의 염증이 생기고 말지요.
의심doubt이라는 단어는 둘double이라는 단어에서
생겨났대요.
어둠이 밝음과 함께 둘이 되어 자라면서
의심의 아픔은 시작됩니다.

'오직 믿음으로 구하고 조금도 의심하지 말라 의심하는 자는 마
치 바람에 밀려 요동하는 바다 물결 같으니 이런 사람은 무엇이
든지 주께 얻기를 생각하지 말라 두 마음을 품어 모든 일에 정함
이 없는 자로다' (약 1:6-8).

누구에게든 두 마음의 싸움과 아픔이 있습니다.
잘 살펴보면 거기에는 요동치는 의심의 파도가 있어요.

추울렁~ 아니야 아니야 저것이 훨씬 탐스럽지 않은가?
철썩 쏴아~ 그래 그래 어쩐지 그게 그러더라니!

조금만 마음을 옮기면 무엇이든 합니다.
다시 조금만 마음을 옮기면 무엇도 할 수 없어요.
일어섬과 무너짐, 힘냄과 지침, 설렘과 곤고함.

밝음의 땅이 번성하면, 어둠의 땅은 폐허가 되어 갑니다.
조금만 방심하면 다시 폐허에서 싹이 돋습니다.
그래서 기도, 또 기도합니다,

아아–. 주님!

'두 마음을 품은 자들아 마음을 성결하게 하라 슬퍼하며 애통하
며 울지어다 주 앞에서 낮추라 그리하면 주께서 너희를 높이시
리라' (약 4:8–10).

대차대조표

뇌졸중으로 쓰러진 친구가 있습니다.
이 친구의 소원은 단지 '걸을 수 있기를….'
애타는 재활훈련도 소용이 없네요.

농구하다가 다친 눈이 하루 동안
뿌옇게 보이지 않던 적이 있습니다.
"주님, 보이게만 해주세요, 제발 보이게만…."
그 간절함의 백만분의 일의 흔적도 지금은 없습니다.
왜요? 보이니까요, 뭐 남들도 다 보고 사니까요.

우리는 너무나, 우리가 가진 것을 당연하게 여깁니다.
그러고는 없는 것을 탓하고 불평할 뿐이지요.
있는 것 같아도 모자라고, 얻은 것 같아도 불안해
헐떡헐떡 뒤져 보면 문득 아무것도 없는 것만 같으니….

세상의 만족은 욕구를 채워 주는 것이 아니라,
욕구의 존재를 깨우쳐 줄 뿐입니다.
자꾸만 목말라 더 큰 주전자를 찾아보지만
그것은 더 큰 욕구의 존재를 더 크게 가르쳐 줄 뿐-.

지난날들을 돌아보며,
얻은 것, 잃은 것, 대차대조표를 작성해 봅니다.
잃음 하나, 잃음 둘, … 잃음 스물하나, 잃음 스물둘…
얻음 하나, 얻음 둘, … 얻음 아홉, 얻음 아홉…

이거 아무래도 적자 아닌가?

그러다가 문득 깜짝 놀라며 찾아 낸 자산 리스트.
우와-! 헤아려 보니 그 정도 손실엔 끄덕도 없네요.
흐읍-. 숨을 들이쉬면 부족함 없이 산소가 빨려 와
후욱-. 내쉬면 심장이 뛰고 피가 돌고

노래도 불러 보고, 뛰어도 보고, 펄쩍펄쩍-!
돌아보면, 나눔을 나눌 수 있는 한 사람 한 사람
함께하며 장부를 가득 채우고 있네요.
우리를 지으신 하늘 아버지,
"아직도 모르겠니? 너를 사랑한다!"
그 약속의 통장도-.

주님! 고맙고 죄송합니다.
고마운 것은 주님 주신 은혜.
죄송한 것은 은혜와 사랑을 모르는 어두운 마음.

성공했을 때 감사는 사람을 겸손하게 하고
실패했을 때 감사는 사람을 용기있게 한다는데,
더 많은 감사로 겸손하며 더 많은 감사로 진정
용기로울 수 있었으면-.

감사의 안경 어디다 멀리 벗어 던져 놓고는,
잘 보이지도 않는 보태기 빼기 어디 얼마나 해 보겠다고….

나우 버디가 아위비따

"나는 벙어리가 아닙니다. 나는 벙어리가 아닙니다."

특별 연사로 등단한 그의 외침을 반밖에 알아듣지 못하면서도
그날 장애인 행사에 참석했던 우리들 모두는 눈시울을 붉혔습니다.
그렇습니다. 당신은 벙어리가 아닙니다.
아니, 목젖의 분주한 울림에도 도무지 마음을 담지 못하는
우리가 벙어리입니다.
진실에의 벙어리, 용기에의 앉은뱅이, 사랑에의 귀머거리….

'입이 있어도 말하지 못하며 눈이 있어도 보지 못하며 귀가 있어
도 듣지 못하며 코가 있어도 냄새 맡지 못하며 손이 있어도 만지
지 못하며 발이 있어도 걷지 못하며 목구멍이 있어도 작은 소리
조차 내지 못하느니라 우상들을 만드는 자들과 그것을 의지하는

자들이 다 그와 같으리로다' (시 115:5-8).

우상! 우상이었습니다.
암울과 공허의 상자에 서둘러 채워 넣던 일곱 빛 무지개
마음에 찾아와 눈과 입과 발을 유유히 잘라 내던
침묵의 그림자는….

산모퉁이를 돌아 외딴 우물을 홀로 찾아가선 가만히 들여다봅니다.

우물 속에는 달이 맑고 구름이 흐르고 하늘이 펼치고 파아란 바람이

불고 가을이 있습니다.

그리고 한 사나이가 있습니다. 어쩐지 그 사나이가 미워져 돌아갑니다.

돌아가다 생각하니 그 사나이가 가엾어집니다.

도로 가 들여다보니 그 사나이가 그대로 있습니다.

다시 그 사나이가 미워져 돌아갑니다.

돌아가다 생각하니 그 사나이가 그리워집니다.

(윤동주 '자화상')

하루에도 몇 번씩 벙어리가 되었다,

장님이 되었다,

앉은뱅이가 되었다.

얼마나 많은 시간, 얼마나 많은 아픔으로,

일그러진 자화상을 그리며 가슴을 갉아 내야 했는지―.

그 어둠의 골짝, 낙담의 언덕을 헤쳐 수십 년

영혼의 순례길을 지나며

떠듬떠듬 떠듬떠듬 이제 이렇게 외쳐 봅니다.

"보십시오, 나는 벙어리가 아닙니다!"

'그때에 맹인의 눈이 밝을 것이며 못 듣는 사람의 귀가 열릴 것이며 그때에 저는 자는 사슴같이 뛸 것이며 말 못하는 자의 혀는 노래하리니 이는 광야에서 물이 솟겠고 사막에서 시내가 흐를 것임이라' (사 35:5-6).

쥐엄열매로 연명하던 저의 거친 손을 주님은 왕자의 손처럼

덥썩 잡아 주셨습니다.

그리고 이제는 사망도 생명도 천사도 권세자도,

현재 일, 장래 일, 능력이나 높음이나 깊음이라도 우리를

우리 주 안에 있는 사랑에서 끊을 수 없다(롬 8장) 하셨습니다.

그 사랑 안에서 우리에게 불행은 있으나 절망은 없습니다.

고통은 있으나 패배는 없습니다.

밝아지지 않는 어둠도, 헤어날 수 없는 겨울도 없습니다.

우리를 지으신 주께서 그렇게 우리를 지으셨습니다.

할렐루야!

나눔의 마음

옛날 옛날 미국 서부 개척 시대에
마을 정착을 격려하기 위해서
정부는 이주민들에게 토지를 나누어 지급했다는군요.

난생 처음 가져 보는 넓은 땅을 둘러보며
뿌듯함 가득 찬 그들은 소유의 땅 한가운데 집들을 지었지요.

내 땅이야, 이게 다 내 땅이야,
앞문으로 보아도 뒤창으로 보아도 모두 내 땅, 내 땅.

그런데 그만 그 습관은 그리 오래 가지 못했답니다.
띄엄띄엄 고립된 생활은 그들의 삶을 차갑고 메마르게
왜곡시키고 말았지요.

마침내 그들은 각자 농장의 한구석,

가장자리에 모여 네 가정이 함께 살아가기로 했다는군요.

결국 그들은 그렇게

삶과 죽음, 기쁨과 슬픔, 풍부와 궁핍을 가까이 나누면서

참된 소유와 정착의 안정감을 얻어 낸 것이지요.

혼자만의 행복이란 이 세상에 존재할 수 없는 허상입니다.

무언가의 '얻음'은 '나눔'의 바탕에서

진정한 의미와 가치를 가져다 주지요.

무언가 좀 더 얻어 보겠다고, 아니면 아무것도 나눌 것이 없다고,

나눔의 마음을 유보하고 버리는 것은

정말 어리석고 슬픈 일입니다.

앞 · 뒤 · 좌 · 우.

사면초가에 빠진 한 여인이 자살을 결심했습니다.

강물을 바라보며 몇 시간을 울다가 결국 첨벙!

그 순간 옆에 있던 청년이 놀란 눈으로

순식간에 같이 뛰어들었지요.

그런데 막상 구하겠다고 엉겁결에 뛰어든 이 청년.

그는 사실 수영을 잘 못했고,

여인은 그래도 수영 실력이 좀 있었다네요.

위기에 빠진 청년을 본 여인은 혼신을 다해 청년을 구해야 했고,
그러면서 여인은 자신도 모르게 살아갈 의욕을 얻게 되었다는
이야기.

고통에 외로움이 더해지면 그것은 갑절의 고통이 되고 마는데,
그 외로움은 기다림이 아니라 다가감으로 채워지지요.
누가 나를 이해하고 도와줄꼬, 기다리면서 외로움의 갈증은
깊어만 지는데,
누군가를 보살피고 돕는 마음에서 강함을 얻는 것은
오히려 자기 자신!

사과 하나가 있어요
그것을 내가 먹으면 그것은 사과.
당신에게 주어 당신이 먹으면 그것은 사랑.
그렇게 당신이 사과를 먹는데 내가 힘을 얻으면 그것은 은총.
나눔의 마음에 하늘의 축복이 더해져 만드는 조화의 은혜, 은총.

주님이 우리를 그렇게 지으셨습니다.
서로를 위하며, 함께하는 삶으로.
잠깐만 생각해 돌아보면 '그들'의 얼굴이 떠오르지요?
나누며 보살피며 다가가며 함께 살아갈 바로 그들입니다.

기다림

옛날에 옛날에 한 청년이 애인을 기다리고 있었는데,

10분, 20분, 30분….

마냥 기다리다 너무너무 화가 났다네요.

옆에 나무 둥지를 뻥 찼더니 뼈병~

한 할아버지가 나타나 단추를 던져 주며

"이봐요 젊은이, 이 단추를 왼쪽으로 돌리면 기다리지 않고

바로 원하는 때로 갈 수 있지 어허, 허허험~" 하고는

사라지더래요.

어디 한번 해 볼까나?

왼쪽으로 돌렸더니,

뼈병~ 어느새 애인과 함께 있는 겁니다.

기뻐서 좋아하다가 생각하니 빨리 애인과 결혼하고 싶기에
다시 단추를 왼쪽으로 돌렸더니
뼈병~ 어느새 결혼식장!
에잇, 빨리 신혼여행으로! 뼈병~
아이가 너무 궁금해! 다시 돌려, 뼈병~
집 좀 제대로 장만해서 살았으면… 뼈병~

조금만 더, 조금만 더–
궁금해서 기다리지 못하고 자꾸자꾸 돌리다 보니
아뿔싸, 어느새 허옇게 늙어 버렸다지요.
이게 아닌데, 이렇게 인생이 끝나 버리다니, 이게 아닌데….
부랴부랴 단추를 오른쪽으로 열심히 돌려보았지만,
그 단추는 왼쪽으로만 돌려지는 걸–

지금 이 순간이 빨리 지나갔으면.
어서 그때가 왔으면.
이것은 아니지, 지금은 아니야.
그때만 되고 나면 정말 무엇이든 할 텐데….

그런데요–
기다림의 그 순간이야말로 인생의 너무나 소중한 부분이지요.

가슴 조이며 아슬아슬 힘들고,

휴우~ 때로 답답, 막막하기만 해도

그때를 지나며 우리들의 삶에는 향기가 배고, 맛이 우러나

그렇게 스르르 가지를 내어 꽃을 피우고, 열매를 맺고….

기다림이 없는 기쁨은 거짓 아니면 인조의 기쁨일 수 있지요.

기다림이 없는 인생은 착각 아니면 공허의 인생일지 몰라요.

조금만 기다리세요, 거기서 조금 더요.

믿음의 주머니,

소망의 가방,

꼬옥 붙들어 잡으시고요.

지금 그렇게 계신 그곳이 바로 우리들의 삶이거든요.

고독과 어울림

언젠가 매사추세츠의 한 법정에서 있었던 재판입니다.

부둣가를 거닐던 사람이 물속에 빠지고 말았습니다.
허우적허우적 도와 달라고 외치면서 그만 물속으로 빠져드는데,
몇 미터 안 되는 거리에 한 청년이 일광욕을 하고 있었습니다.
더구나 그는 수영에도 능숙했습니다.
그런데 그는 무심코 빠져 죽는 이를 바라만 보고 있었다지요.

익사자의 가족이 그의 무관심에 분노한 나머지 소송을 제기했는데,
판결 결과는 어땠을까요.
가족들의 패소!
물에 빠진 사람을 구해야 하는 법적 책임은 없다는군요.
무지막지한 개인주의의 두터운 성벽—.
고독해야 할 때 정작 고독해 할 줄도 모르면서,
어울려 함께해야 할 때
그 어울림의 축복은 좀처럼 누리지도 못하는….

"끔찍한 고통을 느낄 때 어떻게 해야 합니까?"
현자에게 물었습니다.
"다른 사람을 위한 일을 시작하시오!"
과연 현자의 대답 아닙니까?

고독과 어울림은 원과 원의 중심처럼 서로를 필요로 하지요.
어울림 없는 고독은 외로움과 절망에 빠지게 하고,
고독 없는 어울림은 말과 감정의 공허에 빠지게 하니까요.

인생의 고통은 대부분 고독의 아픔과 함께 찾아오는데,
고독의 터널을 지나며 서로를 진정으로 찾고 만나는
어울림의 삶!
그 함께함의 힘으로 홀로 있음의 고통에 꿋꿋이 마주 서는
고독의 삶!

바이올린의 명장들은 남으로 기울어진 나무만을 쓴다지요.
모진 북풍에 시달린 나무가 더 좋은 소리를 낸답니다.

폭풍 앞에서, 날개 안에 몸을 파묻는 닭과 오히려 날개를 펴는
독수리ー.
고통의 찬바람 앞에서 닭과 독수리.
우리는 과연 누구인가요?

홀로 당당하십시오.
굽고 찢긴 북풍의 나무 그 모습 그대로.
그리고 그 당당함으로 서로를 만나며

서로와 함께 서로를 채우는 겁니다.

스스로를 꿋꿋하게 지켜 낼 줄 아는 독수리 한 마리, 또 한 마리,

바람 타고 솟구치며 서로를 돌아보고 지켜 주고 함께하면서

그렇게 고독과 함께하는 어울림으로

우리는 우리들 고통의 삶을 헤쳐 가지요.

고뇌하는 소망

철학가이자 음악가로 거침없이 살아가던 슈바이처 박사—.

그렇지만 그는 삶과 신앙의 문제로 찾아드는

'고뇌'를 멈추지 못했습니다.

어느 날, 옆집으로 갈 우편물이 그에게 잘못 배달되었는데,

바로 아프리카의 어려움을 소개하는 책이었답니다.

전해 주러 가면서 호기심에 책자를 뒤적이다가 결국 아프리카의

꿈을 품게 됩니다.

'우연'이 아니라 끊임없는 '고뇌'의 결과가 가져다 준 꿈이었지요.

뉴턴은 사과가 떨어지는 것에서

만유인력의 법칙을 찾았다고 합니다.

아르키메데스는 목욕하다가 부력의 원리를 발견했다고 하지요.

그런데 한 번 생각해 보십시오.
그 문제로 오나가나 끊임없이 생각하고 고민하며 궁리하다가
그러다가 바로 그 순간 그런 영감이 결과로 찾아든 것 아닌가요?

포로가 된 다니엘이 벨드사살이라는 치욕적인 이방 이름을 갖게
됩니다. 하루에도 몇 번씩 이름을 불릴 때마다 당연히 번민의
아픔이 있었겠지요. 바벨론 학문을 배우며 마음을 지키는
고뇌의 고통도 물론 있었겠지요.
숱한 밤 지새우는 그 고뇌의 결단이 결국
어느 날 '뜻을 정하여' 드러납니다.

'다니엘은 뜻을 정하여 왕의 음식과 그가 마시는 포도주로 자기
를 더럽히지 아니하리라 하고 자기를 더럽히지 아니하도록 환관
장에게 구하니' (단 1:8).

빈 잔에 떨어지는 물방울은 빈 잔을 조금씩 채워 갈 뿐이지만
가득 찬 잔에 다시 떨어지는 한 방울, 그것이 잔을 넘치게 하지요.
잔을 넘치게 하는 마지막 그 한 방울은 '우연'이 아닙니다.
넘쳐 나지 못했던 한 방울, 한 방울,
그 오랜 과정의 '결과'인 것이지요.

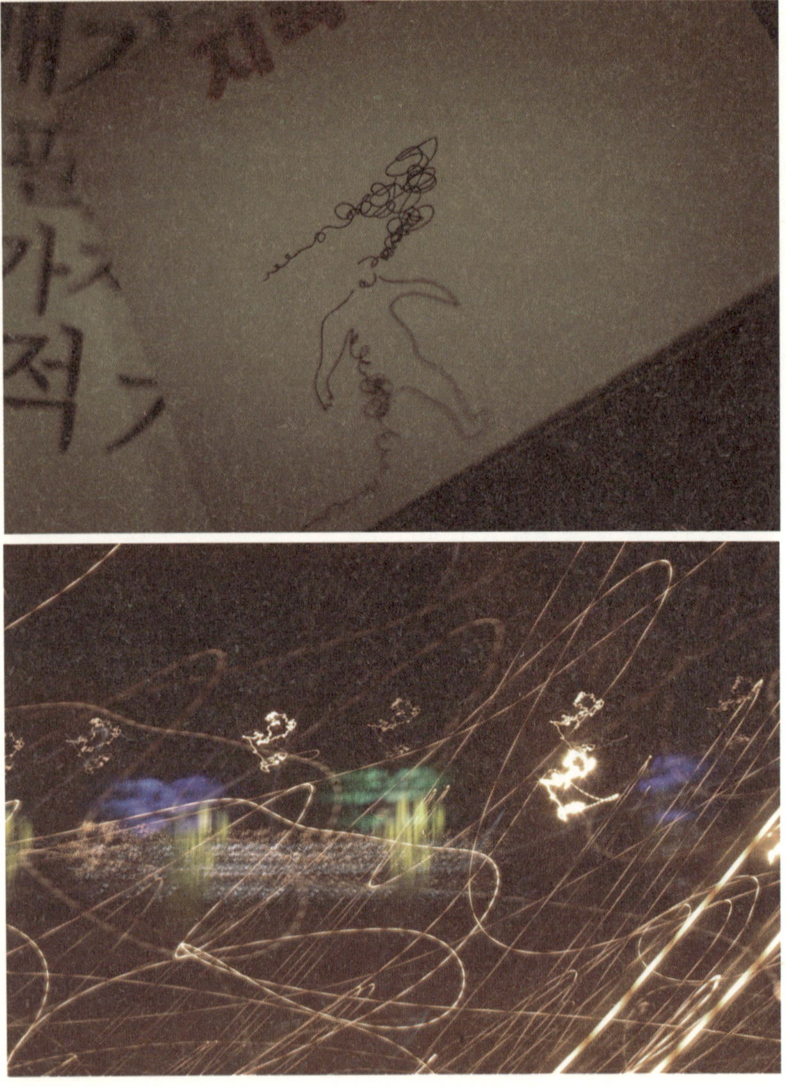

소양강 댐도 처음 3년은 물을 내려보내지 않고 채우기만 했다지요.

받기도 전에 주려고, 채우기도 전에 넘치려 드는 때가

얼마나 많은지ㅡ.

우리들의 소망은 고뇌의 숨 한 방울, 한 방울,

그렇게 모여서 채워집니다.

넘쳐 드러나지 못하는 모습에 제발 좀 주눅 들어 주저앉지 마세요.

그것이 모이고 쌓이고 채워져서

'뜻을 정하는' 그날이 오거든요.

우리들의 삶ㅡ.

과거는 하나님의 긍휼에, 미래는 하나님의 섭리에 맡기고

그리고 현재는 그분의 사랑에 맡기고 살아야 한대요.

지금 하는 바로 그 고민, 고통, 번민의 아픔이

그분의 사랑에 맡겨지는 때,

그때, 우리들의 고뇌는 소망의 그릇에 담겨지지요.

배 밖에 있는 물은 배를 지탱해 주는데

배 안에 있는 물은 배를 가라앉게 합니다.

소망 안에서 하는 고뇌는 삶에 힘을 줘 지탱해 주는데,

소망 밖에서 하는 고뇌는 삶의 힘을 빼앗아 가라앉게 합니다.

격려의 징

겨울비 내리는 추운 어느 날

몹시 우울해 있는 제리 트웬티어에게 편지 한 통이 전해졌습니다.

좋은 칭찬 한마디면 두 달을 산다고도 하는데,

그 순간을 기억해 「칭찬의 위력」이란 책까지 쓰게 된

바로 그 편지―.

"잘 지내나 제리! 자네가 몹시 그립네.

자네 웃음소리와 자네 미소도….

갑자기 내가 왜 이런 편지를 보내는지 궁금하다고?

여보게나, 내가 자네에게 이런 말을 안 해 주면

내가 그리워한다는 사실을 자네가 어떻게 알겠나?"

꾸지람 속에서 자란 아이는 비난을 배우고
격려 속에서 자란 아이는 감사를 알게 된다지요.
그래서 화는 마른 솔잎처럼 조용히 태우고
격려의 말은 징처럼 울리게 하라고 하나 봐요.

잘못을 지적하는 것이 정의라고 한다면
잘하는 것을 잘한다 말하는 것도 정의로운 것입니다.
격려의 미소는 입 모양을 구부리는 것에 불과하지만
수많은 것을 바로 펴 주는 힘이 있습니다.

1865년, 링컨이 암살당했을 때
그의 몸에서 찾아낸 유품은
손수건, 안경집,
주머니칼, 5달러가 든 지갑 그리고,
그를 칭찬해 준 신문 기사 스크랩!
고독한 싸움을 용기 있게 싸우기로 유명한 그의 품에는
몇 번을 혼자서 읽어 보며 되뇌었을 격려의 글이 있었습니다.

헐뜯김 받을 때 지키는 침묵과 칭찬받을 때 붉히는 수줍음,
이것이 우리들의 인격 지킴이라지요.

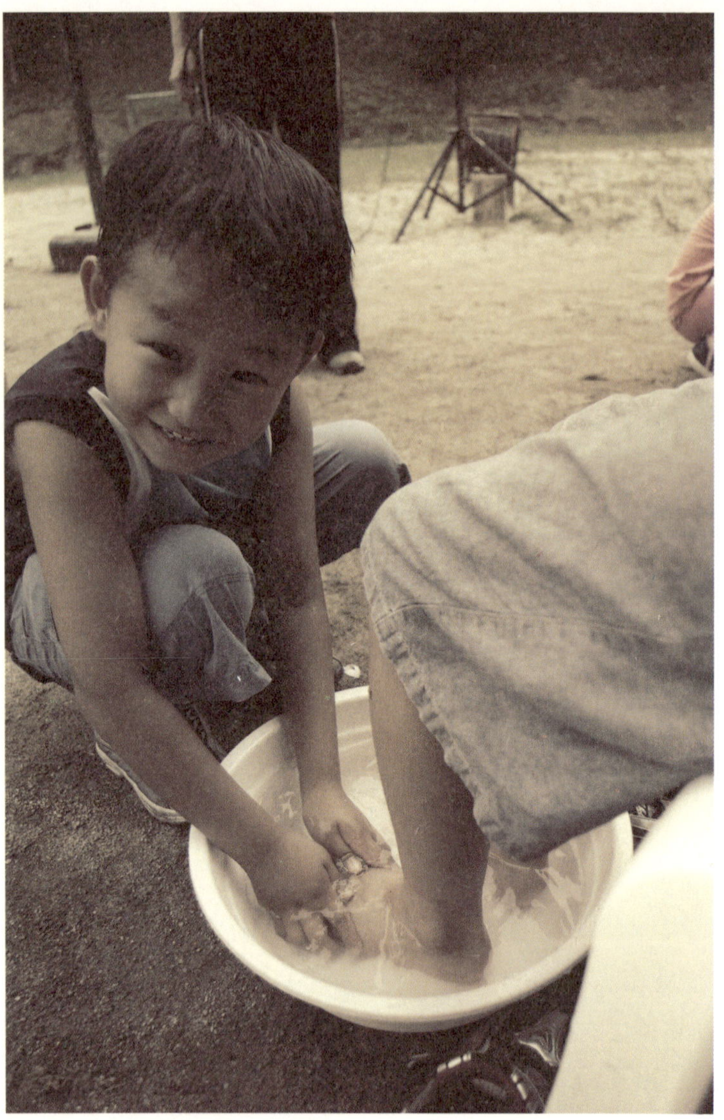

그것들 모두 칭찬과 격려의 땅에서야 비로소 가능한 것이지요.
자만할까 봐 칭찬을 아낀다는 말,
그 말 정말 아껴 둘 말 아닌가요?

누군가를 향한 고마움, 그리움, 격려의 마음들—
표현하지 않음이 어떻게 표현함만 할런지요.
말해 주지 않아도 그가 이미 알고 있을 거라는 말,
사실은 신뢰 비슷한 무관심 아닌지
또 한 번 물어보고 돌아볼 일입니다.

가을비

하나님 처음 세상을 여신 날,

그날도 가을이었을 거야.

아담에게 동산 나무 실과를 가득 보여 주셨으니까.

이 세상 마지막 날,

그날도 아마 가을일 거야.

흩어지는 낙엽이야말로 그날에 가장 어울리는 배경일 테니까.

가을은 너무 싱그럽고

가을은 너무 애처로워

이럴 때 짓는 사람들의 눈물은

벅참의 눈물일까, 서글픔의 눈물일까?

일교차가 심하면 가을 단풍이 아름답다는데

곱게 물든 가을 단풍을 위해서라면

가을밤 쌀쌀한 바람에 찾아드는 감기, 콧물쯤

차라리 감수해 버릴까?

우리들의 인생도 그럴 거야.

뜨거운 열정의 햇살, 차가운 시련의 밤바람,

그것들을 지나면서 물드는 거야, 삶의 아름다움은.

편안함일 수는 없으나 평안함의 넉넉한 풍요로움–

불행일 수는 있으나 결코 불쌍하지 않은 멋과 조화–

그래서 가을은 싱그럽고 그러면서 너무 애달파

이럴 때 가슴에는 가을비가 내리지

곱게 물든 설렘 한 줄기–.

애처로운 아쉬움 한 줄기–.

그렇게 가을은 훌쩍 찾아왔다네.

세상은 절대

한 청년이 퇴근길에 소나기를 만났습니다.

급하게 처마 밑에 피했는데

다섯 명이 빽빽하게 함께 있게 되었지요.

그때 한 아주머님이 가운데로 마구 비집고 들어왔답니다.

그 바람에 끝에 서 있던 이 청년이 결국

밀려나고 마는데 옆에 섰던 노인,

"이봐 젊은이, 세상이란 게 다 그런 거라네."

한참 후 그 청년 우산 다섯 개를 사 와서 모두에게 나눠 주며

말했습니다.

"할아버님, 세상은 절대 다 그런 것이 아닙니다."
멍하니 바라보던 노인은 우산을 내려놓고
빗속으로 사라졌습니다.

모든 신호등에 파란불이 들어올 때까지
길을 나서지 않겠다고 한다면
가야 할 길 어디 한 발짝이나 나아갈 수 있을까요?
세상에서 가장 중요한 일들은
희망이 사그라질 때 계속 노력한 사람들의 손으로 이루어졌답니다.

세상의 끝을 믿는 믿음이 소망의 싹을 키워 냅니다.
그 소망이 또 사랑의 뿌리에 양분을 공급하지요.
그래서 믿음과 소망, 사랑은 이 세상 끝까지 함께합니다.
그러면서 세상의 모습을 지켜 내는 거지요.

우리는 보통 두 부류의 사람들을 닮아 갑니다.
사랑하는 사람을 생각하고 마음에 품으면서
사랑하는 사람을 닮아 가고,
용서 못하는 사람을 마음에 품고 생각하다가
용서 못하는 사람을 닮아 간대요.
믿음도 소망도 그렇지 않은가요?

소망을 향해 뛰다가, 비관과 두려움이 마음을 채우면

그만 그곳으로 달음질.

믿음을 품으면 바로 그 믿음으로 살다가,

불신이 싹트면 그 불신을 '믿고' 말지요.

세상이 원래 다 그런 거라며

절망의 체념이 예리한 상식이 되고,

불신이 통찰력으로, 차가움이 냉철한 지성으로 평가되는

바로 그 세상.

주어진 것은 당연한 것이고 주어지지 않은 것은

불평으로 가득하면서 자기의 유익만을 외치며 사는데

세상이 원래 다 그렇다고 하는,

바로 그 세상의 한 모퉁이에서

세상은 절대 다 그런 것이 아니라 말해 주는 마음이 그립습니다.

그렇게 말할 때, 그 옆을 지켜 주는 함께함의 마음도….

선택과 집중

세상은 바라보는 대로 존재합니다.

어렵게 보면 어렵게 보기 때문에 어렵고

슬프게 보면 슬프게 보기 때문에 슬프지요.

두개골 맨 아래 레이더 역할의 세포망이 있답니다.

바로 신경망 활성화 장치Reticular Activating System.

인식의 범위를 결정하는 의식의 여과 장치지요.

있는 대로 다 인식한다면 대뇌 중추는 자극의 홍수로

기능을 잃는답니다.

수많은 자극과 정보에서 집중 가능한 대상은

한계가 있다는 것이지요.

그런데 이 특별한 신경 그물은
사람이 목표를 세워야 비로소 작동한다는군요.
목표를 세우지 않으면 도처에 수많은 정보는 소용이 없어요.
이미 그곳에 있지만 채널을 맞추지 않으면
들을 수 없는 방송 신호처럼.

그래서 세상은 목표를 세워 바라보는 그대로 존재합니다.
슬픈 마음으로 어둠을 보면 어두운 어둠만 보이고
신나게 나서는 길엔 날마다 다니던 길도 새롭게 밝기만 해요.
내가 웃으면 세상이 웃고, 내가 울면 세상이 울어,
어떻게 보는가에 따라 그 모습이 너무나 달라집니다.

막내 딸아이, 언젠가 독감예방주사를 맞고 와서는
주사 맞으며 울었대요, 그런데 울다가 생각하니
안 아파서 울다 말았다네요.
너무나 많은 것들, 지레 그러리라 생각하며 그것만 느끼고
바라보고 또 너무나 많은 것들,
그냥 지나치며 못 보고 사는 것은 또 얼마나 많은지….

목표를 정해서 바라보면 보이는 게 참 많아요.
그쪽 신경이 활성화되고 나면 그때서야

엄청난 정보들이 흘러들지요.

믿음도 소망도 사랑도,

작정하고 바라보아야 얻는 겁니다.

그렇게 정한 마음으로 세상을 바라볼 때

세상은 바로 그렇게 존재합니다.

선택한 그것에 집중하며 사는 거지요.

I ♥
HOTEL
CAMP

풀 뜯는 소

태초에 세상이 지어졌을 때, 마지막 수명 나누기 시간에
모두들 알맞게 나누고 막 끝내려는데
아이쿠, 아담에게 줄 게 없는 겁니다.
툴툴 털어 보니 겨우 25년.
이것 가지고는 안 되는데….

어떡합니까.
마침 지나가던 말에게서 25년을 뺏어 주고,
또 지나가던 개에게서 25년 뺏어 주고,
또 마침 지나가던 원숭이에게서 25년을 뺏어 줬대나요.

인생의 삶을 누군가 그렇게 우화로 그렸습니다.

25년쯤 사람답게 살더니,

25년 쯤은 말처럼 일하고,

25년쯤은 입으로 외치고,

마지막 25년은 왠지 애처로워.

삶의 기회를 얻는다는 것─.

위기야말로 위험한 기회라고 말들 하는데

살아 보니 기회야말로 숨겨진 위기더군요.

가장 슬픈 인생은 목표 지점을 잃어버린 채,

어딘가를 향하여 곱절의 노력을 기울이는 인생이지요.

'선한 것이 무엇임을 네게 보이셨나니 여호와께서 네게 구하시
는 것은 오직 정의를 행하며 인자를 사랑하며 겸손하게 네 하나
님과 함께 행하는 것 아니냐' (미 6:8).

한 미술 전람회에 백지 하나가 출품됐다는데,

제목은 '풀 뜯는 소'─.

"풀은 어디 있습니까?"

full.

"소가 다 뜯어 먹었지요"

"그럼 소는요?"

"풀이 없는데 소가 뭐 하러 있습니까?"

말이 되었다 개가 되었다 원숭이가 되었다….
그리고는 텅 빈 종이 하나 작품입네 꺼내 놓고

"이봐요 알아 좀 주십시오, 제가 그래도 말이지요…."
어쩐대요 정말 어느 날 휘익 그렇게 덧없는 그날이
찾아온다면….

후회의 길은 벼랑이 아니라 밋밋한 내리막–.
그래서 편하구나 즐겁구나 조금씩 조금씩 걸어 보다가,
결국 으스스, 황량한 어둠의 공허한 끝자락.
무섭지,
무섭지요?

티백

지혜로운 듯 우둔한 이야기 하나.

한 부자가 부동산 전부를 모교에 유산으로 남겼습니다.
그러고는 '학교에서 원하는 만큼만'
자녀에게 주라고 말했습니다.
대학 당국은 30만 불 중에서 1만 불을 자녀에게 주기로 했지요.
유언을 집행하는 변호사는 결국 자녀에게
29만 불을 주었답니다.
'학교에서 원하는 만큼'을 자녀에게 준 것, 맞지요?

이야기 둘.
한 부부가 환갑잔치를 열었습니다.

결혼생활을 아주 잘했기 때문에 천사가 그에게 소원을 물었습니다.
재빨리 남편이 천사를 잡아끌어 속삭이며 말했다지요.

"나머지 여생은 한 스무 살 정도 어린 여자와 살고 싶습니다."

그러자 곧 소원이 성취되는 기적이 일어나긴 일어났는데
60세이던 남편이 80세가 되고 말았다지요.

그리고 이야기 셋.
한 산에 잣나무 가지들이 흉측하게 죽어 있었습니다.
용역 회사에 문의했더니 모두 다듬는 견적이 오천 불 나왔습니다.
놀란 주인은 몇 주간 사다리에 올라 손에 닿는 가지를
모두 잘랐답니다. 그리고 이제는 얼마면 되겠냐고 용역 회사에
다시 전화를 했습니다.
그런데 그만, 견적이 만 불로 올랐다지요.
낮은 가지에 올라서 높은 가지를 잘라 내려 했는데,
이제는 특수 차량을 이용해야 겨우 잘라 내게 됐으니까요.

지혜에 욕심이 묻으면 그것이 우둔입니다.
그래서 진정한 지혜는 항상 겸손과 함께합니다.
살다 보면 일이 잘 풀릴 때가 있지만, 그것이 끝없이 가지는 않아요.

살다 보면 일이 잘 안 풀릴 때가 있지만,

그러나 이것도 끝없지 않아요.

잘 풀릴 때 자만으로 오르락, 안 풀릴 때 절망으로 내리락,

좋아야만 한다는 일희일비의 조급함이 곧 겸손을 가로막는

욕심이지요. 그래서 인생은 성공한 듯 실패하며

지혜로운 듯 우둔합니다.

집에는 창문보다 벽이 훨씬 많아요.

그래도 벽 때문에 숨 막히지 않고 충분히 숨쉬며 살아가지요.

우리들 인생도 그렇습니다.

막막한 고통의 벽과 어쩌면 훨씬 더 많이 마주 서지만,

가끔씩 창문 앞에 서는 상쾌함으로도 인생은 살만큼 아름다워요.

그 조그만 창문 앞에 서서 드리는 감사가 곧 겸손이고

그 겸손을 용납하지 않으면 그것이 곧 욕심이지요.

좋은 차를 담은 티백Tea Bag은

그냥 맡아 보는 향도 꽤 그윽합니다.

그러나 그것이 뜨거운 물에 담겨질 때에야

비로소 참맛이 우러나지요.

우리들 인생도 정말 꼭 그렇습니다.

어둠과 고통의 뜨거운 시간들을 까마득히 지날 때, 그때

지혜의 향에 그윽한 겸손이 맛을 더하고,

그때 비로소 인생은 그 깊은 맛과 향을 뿜게 됩니다.

인생을 인생답지 못하게 하고,

지혜를 지혜답지 못하게 하는 욕심의 뿌리,

이 녀석 욕심도 뜨거운 물에 보글보글 그만 거품이 되고

그래 이것이야, 진정한 맛과 향의 깊음은 그렇게

우리들 삶에 배어 우러나지요.

챔프

하나님은 3등이래요.

내가 먼저, 그리고 우리, 그러고 나서 하나님 3등-.
하고 싶은 일, 해야 하는 일, 그러고 나서 하나님의 일 3등-.
가만 생각하니 바로 무심한 우리들 모두의 슬픈 고백이네요.

그런데 그 하나님께, 우리는 1등이래요.
가장 먼저 찾아와 기다려 주시고, 가장 소중한 것으로 맞아 주시고,
한 걸음 어렵게 그분께 나아가면 열 걸음 스무 걸음 달려오시며,
돌아온 탕자에게 열어 주신 바로 그 최고의 잔치!
1등의 축복을 우리에게 주셨대요.

어느 날 밀물이 바닷가 모자의 대화를 엿들었다지요.

"엄마, 바닷가에 나가서 놀면 안 돼요?"
"지금은 밀물이기 때문에 안 된단다, 썰물이 되면 나가 놀렴."

그때부터 밀물은 썰물을 시기하고 미워하게 됐지요.
어느 날 속상한 밀물이 바닷가 노송에게 물었어요.

"모두가 썰물만 좋아하는데, 썰물이란 녀석 어디 있는 누구지요?"

노송의 대답,

"썰물은 바로 너 자신이란다."

섬에 가면 섬을 볼 수 없듯,

우리는 우리들 스스로의 모습을 보지도 알지도 못합니다.

1등으로 축복하며 세워 주신 우리의 모습을 보지 못하니

이미 용서하신 분에게로 차마 나서지 못하는 탕자처럼

이미 썰물인 채 날마다 썰물을 시기하는 밀물처럼

못난 마음으로 우리는 그분을 3등의 구석에 모시고 맙니다.

우리에게 허락하신 소중한 한평생,

그렇게 무심한 채로 그냥 그렇게 흘려버리면

아까워서 어쩌지요?

독일 격언에 이런 말이 있습니다.

아일레 밑 바일레 Eile mit Weile!.

아일레는 서두름, 바일레는 여유.

여유를 가지고 서두르란 말이지요.

우리의 모습도 우리의 모습답게, 그분의 모습도 그분의 모습답게

어서 서둘러 찾아야 할텐데,
그렇다고 조급한 철부지가 되지는 말고요.

챔피언은 링에서 탄생되지 않습니다.
그곳에서 챔프로 인정받는 것일 뿐,
챔피언은 사실 훈련장에서 탄생하는 것입니다.
1등다운 모습으로 흘려야 할 땀 흘림에 인색하지 마세요.
아일레 밑 바일레, 여유를 가지고 서둘러서요.

우리를 1등으로 지으신 그분을 1등으로 불러 찾으면서
그때 비로소 우리는 우리들 최고의 모습을 찾게 됩니다.
그렇게 우리들 1등의 모습을 제대로 바라보면서
한 발 한 발, 그러나 한결같은 꾸준함으로,
진정한 챔프는 그의 길을 어제도 달리고 오늘도 달립니다.
그리고 분명
내일도 그 내일도….

창문

한 병실에 두 사람이 함께 입원하게 됐습니다.

심한 병이라 TV나 비디오, 책도 볼 수 없었다지요.

몇 달 동안 둘은 서로의 모든 이야기를 함께 나누며

우정을 쌓았습니다.

창가 쪽 사람은 치료를 위해 앉아 있는 동안은

창 밖을 볼 수 있었지요.

치료가 끝나면 바깥 세상을 설명하곤 했는데

그것이 곧 그들의 낙이었습니다.

호수, 공원, 나무들과 날마다 흥미로운 사람들의 모습들.

어느 날 문득 안쪽에 누워 있는 사람이 불공평하다고

생각하게 됐습니다.

자리를 바꾸어 눕자고 제안했는데 창쪽 사람은

끝까지 바꿔 주지 않았습니다.

그로 인해 원망하는 마음이 생기더니

점점 미움과 분노로 깊어져 갔고

그러던 어느 날 창쪽 환자가 급하게 심한 호흡곤란을

일으키게 됩니다.

마음이 곪은 옆 친구는 간호사를 끝내 부르지 않았고

결국 친구는 죽게 되지요.

드디어 자리를 창가로 옮겨 어렵게 몸을 일으켜

창문 밖을 보게 되는데

아뿔싸, 그 곳에는 온통 이웃 건물의 벽으로 가로막혀 있었다지요.

마치 그의 마음을 가득 덮고 있었던 그 불신의 벽처럼.

비판의 칼은 대부분 손잡이도 칼날이지요.

상대를 향해 마음을 닫으면서 스스로의 모습도 어느새

자꾸만 어두워집니다.

불신의 뿌리에는 보통 지나친 자신감 아니면

지나친 열등감이 있습니다.
자신감도 지나치면 교만이지만 열등감도
교만의 또 다른 이름이지요.
다른 사람들이 진실의 가치를 올바로 받아들이지 않는다고
스스로 여기고는 상처받은 자존심 때문에 비뚤어진 마음을
이런저런 열등의 감정으로 드러내는데,
그것을 이기게 하는 힘,
그건 바로 마음의 창을 믿음으로 열어 주는 '사랑' 이지요.

태초에 하나님 천지를 지으실 때 '사랑' 이라는 보물도
함께 지으셨대요. 그리고 그것을 어디에 숨기는 게 좋을까
고민하시다가는 결국 사람의 마음속에 숨기기로 하셨다지요.
그래서 그 사랑을 찾아 내는 유일한 방법은
남에게 그것을 건네줄 때랍니다.

완전히 캄캄한 공간에 쥐를 가두면 3분을 못 견디고 죽는다는데,
똑같은 공간에 한 가닥 빛줄기를 넣어 주면 36시간을 살아 낸대요.

현대인의 주도적 감정 60%는 불안이라고 합니다.
치열한 경쟁 사회, '슈퍼맨' 이라도 되어야 하는 듯 달려가다가,
불안에 짓눌려 그만 '슬퍼맨' 으로 살아가고 만다는데ㅡ.

한 가닥 빛줄기로 그곳에 소망의 마술을 펼치게 하는 그것은
바로 사랑의 창문!
세상에서 못났다고 여기는 사람만 있을 뿐,
세상에 정말 못난 사람은 있을 수 없습니다.
실패하는 일들은 있어도 이 세상에 진정 실패자는 없어요.

웃음은 행복한 사람들이 누리는 열매가 아니라
행복해지려는 사람들이 짓는 태도입니다.
그 건강한 자존감과 행복의 문을 열게 하는 열쇠,
그것이 바로 서로에게 이해와 격려로 건네며 베푸는
사랑인 것이지요.
사랑은 한 개를 주고 한 개를 바라는 마음이 아니라
한 개를 주고 더 주지 못하는
또 한 개를 안타까워하는 마음입니다.
사랑은 좋은 것은 좋은 대로 기쁜 마음으로 사랑하고
나쁜 것은 나쁜 대로 아픈 마음으로 여전히 사랑하는 것입니다.
그 사랑의 힘만이 이 세상 끝없는 슬픔과 불안의 병을
이기게 하지요.
아무리 곰곰 생각해도
그 사랑의 힘이 아니고서는….

제2외국어

누군가를 향해 사랑을 준다는 것은

그에게 얼마간의 마음을 떼어 준다는 것.

떼어 준 만큼 자신의 마음에는 빈 공간이 생기는데,

그와 함께 있어 만남의 축복을 누릴 때는

그것으로 그 빈 공간이 채워지다가

그러다 그가 그만 떠나고 나면 그 공간의 허전함이

그대로 아픔이 되지요.

어떤 이유로, 가끔은 이유도 모르는 채

어찌어찌 멀어져 떠나간 누군가가 남긴

그 아픔의 흔적 때문에라도
또다시 누구를 사랑한다는 것은 정말 쉽지 않은 용기입니다.
헬렌 켈러에게 사람들이 물었습니다.

그런데 그로부터 바로 50년 전.
한 정서장애 재활원에 '리틀 애니' 라 불리던
한 여자 아이가 있었는데,
온갖 노력에도 반응이 없어 결국 지하실 방에 수용되고 말았대요.
그래도 그중에 직원 한 명이 그 방에서 식사를 같이 하며
끝까지 함께 기도했고, 결국 그녀는 2년 만에 낫게 되면서
재활원의 도우미로 스스로 자원했다는군요.
그녀가 그러니까 그 '앤 설리번' 선생님.

우리는 모두 어떤 아픔을 안고 살아갑니다.
한 아픔을 지나고 이겨 내면 그만큼 우리는 강해지지요.
그래서 한 고통을 이겨 낸다는 것은
외국어 하나를 배우는 것과 같습니다.

외국어 하나를 수천 시간 공부하며 습득하는 것은

더 많은 사람들과 의사소통도 하고, 뭔가를 함께 나눌 수 있다는 것.

한 고통을 경험하면서 그 아픔을 견디고 나면,

그 고통에 있는 수많은 사람들과 의사소통도 하고,

뭔가를 함께 해낼 수 있어요.

고통은 누구에게나 견디기 힘든 것입니다.

모든 고통은 크다 작다 비교의 대상이 될 수 없이

모두 힘들 뿐입니다.

그 아픔 중에서도, 사람을 향하여 가지는 수많은 아픔들이 있지요.

사랑과 나눔의 축복만큼, 후회와 상실의 쓰라린 고통들….

그 사랑의 아픔을 이기기 위해서라도

그 아픔에 쓰러진 이들이 너무 많아 그들을 돕기 위해서라도

사랑의 아픔을 많이 당해도 보고 견디어도 보아야 한다면.

그래서 그것이 능통한 제2외국어쯤 되어야 한다고 말한다면.

이거 별로 말 안 되는 얘긴가요?

말 되야 하는데….

인생 Bus

인생길 굽이굽이 모퉁이 돌아서며
아기, 꼬마, 소년, 학생, 청년, 어른….
추억의 정류장마다 새로운 만남들 오르고 내리고
새롭게 마주 서는 동반자의 모습들이 예쁘기도 예뻐쓰Bus-.

오르락내리락 가파른 언덕길 넘어서며
세월의 물살 놓칠세라 넘칠세라
스물 언덕 서른 언덕 마흔 언덕.
살고 일하고 부딪치고 달리고 뛰고 일어서고
숨차게 달려온 까마득한 날들이 바쁘기도 바뻐쓰Bus-.

오르막에 밀어 주고 내리막에 잡아 주며
기쁨, 슬픔, 아픔, 보람, 소망, 사랑, 행복-.
가슴의 짐칸 가득, 터질 듯 그리운 사연들 담고
함께 울고 함께 웃어 달려온 꿈 같은 날들이
진정 기쁘기도 기뻐쓰Bus-.

은총의 햇살, 소망의 가로등 비춰 밝히며
아직도 지나쳐 달려갈 산, 들, 구름, 숲, 바다-.
구만리 아득한 여정이 두 눈 가득인데
화살처럼 날아 꽂히는 야속한 세월이 아쉬워 나쁘기도 나뻐쓰Bus-.

용기의 밧줄

46세에 오토바이 사고로 얼굴을 못 알아볼 정도로 입은 화상.

4년 뒤에 비행기 추락 사고로 하반신 마비.

그 후에 오히려 숨겨진 힘을 발휘하며 탁월한 연설가로

활약한다는 미첼.

그는 그때의 일을 돌아보며 이렇게 말했답니다.

"하반신이 마비되기 전까지 내가 할 수 있었던 일은 10,000가지였습니다.

그러나 이제 내가 할 수 있는 일은 9,000가지로 줄었습니다.

이제 나는 잃어버린 1,000가지를 슬퍼하며 고통 속에서 살아가든지,

아니면 아직도 내게 남아 있는 9,000가지로 살아가든지,

둘 중의 하나를 선택하는 기로에 서 있었고,

그 선택은 내게 달려 있었습니다."

인생을 살다가,

한 번의 좌절은 실수의 깨달음을 남기며

두 번의 좌절은 실패의 아쉬움을 남기고

세 번의 좌절은 패배의 두려움을 남기지만

그래도 인생의 숫자는 셋에서 끝나지 않아….

낙심으로 그만 마음의 마지막 문을 닫지는 말아요.

불행과 낙심의 몹쓸 기생충,

그것을 말하고 그것만 바라보면 자꾸만 점점 커진다지요.

두려움의 홍수를 버티기 위해 끊임없이 용기의 둑을 쌓으며,

멧돼지를 물리치면 황소를 만나

황소를 해치우면 코끼리와 겨루고

코끼리와 싸워 이기면 공룡과 함께 또다시 시작하는

바로 그 용기의 싸움.

살기에 너무 슬플 수도 충분히 기쁠 수도 없는 것이 인생이라는데

기쁘면 기쁜 대로 슬프면 슬픈 대로

사는 것이 그대로 살 만한 아름다움인 것은

소망이 하늘을 향하고 하늘이 소망을 붙들어 주는,

낙심과 절망의 두려움을 이기게 하는 바로

그 용기의 밧줄을

인함이지요.

인생의 숙제는 지혜와 용기가 만나야 풀어집니다.

지혜의 주인이신 하늘 아버지의 뜻 앞에 무릎을 꿇으면

그때 우리들 마음에서는 낙심이 풀썩 무릎을 꿇어

그렇게 한 걸음 한 걸음 우뚝 올라서는 소망의 언덕—.

그 '한 걸음' 앞에 내려진 용기의 밧줄.

밧줄 보이시지요?

엑스마스

크리스마스는 그리스도의 탄생을 기리는 축일입니다.

마스는 가톨릭의 미사처럼 축일을 의미하고,

크리스는 당연히 그리스도를 뜻하는 말입니다.

그리스도의 헬라어 원문 표기가 알파벳 '키이'로 시작하는데,

이 '키이'의 대문자가 영어 엑스의 대문자와 같이 생겨서

엑스마스가 됐지요.

엑스마스로 적긴 적지만 읽을 때는 크리스마스로 읽어야 하는데,

어쩌다 보니 엑스마스의 엑스가 진짜 엑스가 되어 버렸어요.

엑스는 미지수를 뜻하지요?

잘 알 수 없어 특정의 의미를 줄 수 없는 값-.

그렇게 크리스마스는 의미도 뜻도 없는 미지의 축일,

엑스마스가 되어 버렸지요.

아아, 생각해 보니 엑스는 미지수 엑스보다 부정의 가위표로

더 많이 쓰이네요.

차라리 잘 모른다는 의문의 물음표가 나을 뻔 했어요.

알기는 알겠는데 부정하고 외면하는 당당한 거절의 엑스표로−.

그리스도의 삶은 엑스를 의미하는 십자가의 처형을 받았고,

크리스마스는 그만 그리스도를 지워 버린

엑스의 축일이 되어 버린 거지요.

고요한 밤 거룩한 밤 어둠에 묻힌 밤−.

그런 날 그리스도께서 아기 예수로 나셨다지요.

그런데 그렇지 않아요,

그날은 베들레헴에 여관방이 없을 만큼 사람들이 북적댔어요.

여관 주인은 손님들 시중에 바빠 뒤뜰 구유에서 일어난

엄청난 일에 그만 무심했지요.

꼭 그렇게, 오늘날 크리스마스도 그만

그가 사라진 엑스마스가 되고 만 거지요.

크리스마스를 상징하는 화초는 '포인세티아' 입니다.

그 빨가디 빨간 아름다움은

어디다 감히 비교할 수 없다고들 하는데,

포인세티아를 키우기 위해서는 특별한 환경 조건이 필요하대요.

아주 아주 춥고, 아주 아주 어둡게−.

모든 빛은 차단되고, 절대 출입 금지!

그 철저한 어둠과 고독, 추위 속에서만

그 참모습을 만들어 낸다는 신비의 꽃.

그 철저한 어둠과 고독, 추위 속에서만

그 참모습을 만들어 낸다는 신비의 꽃.

사랑을 베푸신 그 손에 외면과 거절의 못이 박히면서

주님, 얼마나 답답하셨습니까? 얼마나 외로우셨습니까?

주님, 그 뜨거운 가슴 얼마나 추우셨나요?

포인세티아-.

비교할 수 없는 아름다움을 그렇게 가슴에 품으셨나요?

여전히 숱한 거절과 여전히 쓸쓸한 외면의 엑스표로

엑스의 축일을 맞으시면서,

주님의 사랑은 세상에서 여전히 혹독한 추위와 어둠을 지키고

그 자리에 계시네요.

아직 더 참으시며 아직 더 채우셔야 할

그 어떤 기다림이라도 있으신가요?

얼마나 답답하십니까? 얼마나 외로우십니까?

주님, 그 뜨거운 가슴, 얼마나 추우세요?

엑스마스 말고요, 크리스‥ 크리스‥ 크리스마스….

저희의 작지만 뜨거운 사랑 가득 모아 가득 담아 주님께,

주님께 드릴께요.

메리 크리스마스, 감사합니다.

사랑합니다!

야누스

야누스Janus는 나그네를 전송, 영접하는 두 얼굴의 신입니다.

그래서 새해 1월의 이름도 재뉴어리January.

보낼 것 보내고 맞이할 것 맞이하며 그렇게 시작하라는 거지요.

보냄의 아쉬움이 여전히 한마음 가득인데,

맞이함의 분주함이 너무나 곤혹스러운 야누스의 세상살이.

과연, 보내야 할 나그네를 보내기는 보내며 사는 겁니까?

돌아온 탕자 이야기를 다 찾아보아도

아버지의 이런 물음은 찾아볼 수가 없어요.

"어이구 이 녀석 어떻게 된 거니?"
"그 동안 어떻게 지낸 거야?"
"그 많은 돈은 다 어떻게 했니?"
단지 그분의 외침은,
"자, 살진 소를 잡아라, 어서 어서!"

돌아온 베드로 이야기를 다 찾아보아도
주님의 이런 물음은 찾아볼 수가 없어요.

"이제야 정신이 좀 드니?"
"다시는 그러지 않을 수 있어?"
"지혜와 분별의 마음을 얻고 온 거야?"
그분의 물음은 오직 한 가지,
"네가 나를 사랑하느냐?"

그런데 우리는, 자존심만 강한 못난 마음으로 그저 우리는,
주님도 삭이신 질문을 끝도 없이 던지며 주저앉아 그저 우리는,
"주님, 안 되겠어요! 죄송해요 주님, 못할 것 같아요!
이제는 정말!"

한 마을을 가득 덮은 안개를 모아 보면

6백억 개의 물방울이 맺힌다는데,
그것은 결국 물 한 잔에 불과하다는군요.

후회와 불안의 짙은 안개에 죽을 듯이 엎어져 슬퍼하지 말아요.
광야에 길을 내시는, 사막에 강을 내시는,
소망과 사랑, 믿음의 건설자.
그분을 일어나 맞이해야 하거든요.

'보라 내가 새 일을 행하리니 이제 나타낼 것이라 너희가 그것을
알지 못하겠느냐 반드시 내가 광야에 길과 사막에 강을 내리라'
(사 43:19).

그래요.
삶의 사막, 가파른 광야에 길을 내는 일꾼, 강을 내는 일꾼으로,
보낼 것 보내며 시작할 것 시작하는 새 힘으로 함께 모여 아멘 아멘,
끌어 주는 손길 밀어 주는 손길, 붙잡아 내밀며 소망으로 외치는
아멘 아멘.
그렇게 열어가는 야누스의 재뉴어리—.

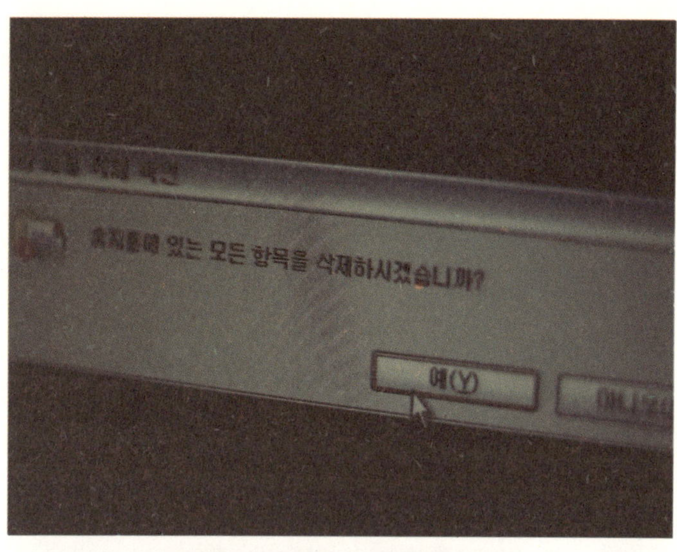
휴지통에 있는 모든 항목을 삭제하시겠습니까?
예(Y)
아니요

사랑의 실타래

일본에 호리바HORIBA제작소란 회사가 있는데,

이 회사 팜플렛 제목이 알파벳을 뒤집은 아비로ABIROH예요.

사용자는 제작자의 마음을 거꾸로 읽는다는 거지요.

제작자는 싸게 만들어서 비싸게 팔려 하지만

사용자는 비싸게 만든 것을 싸게 사고 싶잖아요.

그래서 적어 보는, 요.해.랑.사.

사랑은 내 마음에 있는 당신의 아픔이라고.

서로의 아픔을 헤아려 읽어 주고 품어 주는 그것이 사랑!

내가 원하는 것을 당신에게 주는 것?
아니요 아니, 당신이 원하는 것을 내가 해 주고 싶은 것!

우리에게는 특별하게 타고난 특별한 눈이 있어요.

'형제의 눈 속에 있는 티는 보고 네 눈 속에 있는 들보는 깨닫지
못하느냐' (마 7:3).

그 특별한 눈이 이렇게도 쓰이는 것 아세요?
형제의 마음 속 아픔의 티는 보고 자신의 마음속 들보 같은
아픔에는 의연할 수 있는 눈-

세상에 사랑이 없는 게 절대 아닙니다.
사랑을 모르는 게 문제 중에 문제이겠지요.
사랑을 모르는 이유는 사랑을 믿지 않기 때문에.
위로의 말도 조롱으로 듣는 이유는 바로,
사랑을 믿지 않기 때문에.

우리 모두 부족하고 약하잖아요.
결코 회원 될 자격 없는 자들이 회원의 자격을 누리는
유일하고 특별한 공동체, 하나님 나라.

그래서 빚진 마음으로 서로를 향하여 사랑의 손을 펼쳐야 하는데,
그 펼쳐진 마음은 서로의 모습을 인정하고 품는 믿음으로
시작됩니다.

관심을 끄는 비결은 관심을 가진 사람이 되는 거지요.
내가 먼저 믿어 주고, 내가 먼저 내어 주고,
그렇게 함께 사랑의 그림, 온 세상에 채워 가요.
성령의 첫 열매는 사랑이니까.
우리 마음에 사랑을 만드시는 이는 바로 하늘의 영이시니까.

핵분열의 온도가 6000°면 핵융합의 온도가 1억°라는데
우리들 마음, 믿음과 사랑으로 함께 만나 함께하면서
소망의 나라 발전기도 돌리고, 빛도 만들고….
몇 센티 누에의 몸이 1000미터의 명주를 품 듯
우리들 작은 마음은 하늘까지 뻗쳐 품는 사랑의 실타래—.

벌레 먹은 조화?

우리들 모두는 마음에 꽃밭을 품고 삽니다.

종류도 각각, 향기도 각각, 크기도 모양도 각각인 한 아름 꽃밭을.

거기서 가끔씩, 벌레 먹은 꽃잎을 발견합니다.

시들어 오그라진 꽃잎은 벌써 부서질 듯 말라있기도 합니다.

벌레 먹은 게 뭐 자랑이라도 된다는 게 아닙니다.

누렇게 병든 것이 뭐 보기 좋다는 것도 정말 아닙니다.

그래도 질문 하나 해 봅니다.

벌레 먹은 조화, 시들어 병든 조화 봤습니까?

살아 있다는 것은

꽃도 나비도 찾아들게 하지만,

벌레도 질병도 찾아들게 합니다.

이미 죽어 있는 조화에는 없는 것들이지요.

그래서 우리들 인생에는 살아 있는 한 실패의 아픔이

없을 수 없습니다.

실수하고 실패하면서, 그렇게 우리는 성장합니다.

걸음마? 수십 번, 수백 번 넘어지면서 겨우

성공하지 않았던가요?

우리 자신에게 실패를 허락하는 것이

곧 우리 자신에게 성공을 허락하는 것이지요.

"Please fail once a week!"

릭 워렌 목사님이 스텝들에게 항상 하였다는 말입니다.

실패가 없다는 말은 결국 아무것도 하지 않았다는 것이니까요.

에디슨도 말했습니다.
인생에서 실패한 사람 대부분은 그들이 포기하고 절망하는
그 순간, 자신이 얼마나 성공에 가까이 왔는지
깨닫지 못하는 사람이라고-.

실패가 마음을 공격하지 않게 하고
성공이 머리를 점령하지 않게 하는 것!

그것은
절망과 자만의 어느 것도 영혼을 질식시키는 독이 되기 때문에-.
성공자 되기에 우리는 우리를 너무나 모르기 때문에-.
실패자 되기에 주님은 우리를 너무나 사랑하기 때문에-.

이런저런 실패의 상황들에서
아쉬움은 슬픔을 낳고, 슬픔은 두려움을 낳고,
두려움은 낙심을 낳고, 낙심은 외로움을 낳지요.

그렇게 오늘 혹 외로움에 빠져 버린 분 있으시다면
화내지 말고 한 번만 웃어 주세요.
실패는 실 감는 게 실패잖아요.

번데기

번데기의 몸은 죽은 듯 보입니다.

몸의 표면은 단단한 큐티클로 덮여 있고,

개체는 거의 모든 움직임이 정지된 채

겨우겨우 스스로를 지키게 됩니다.

번데기가 되기 전, 애벌레는 고민에 빠집니다.

느리지만 가고 싶은 곳을 갈 수도 있고,

먹고 싶은 것을 먹을 수도 있는데,

번데기로 죽어야 하는 것은 정말 아슬아슬한 고통입니다.

그에게 나비의 꿈만 없었더라도….

목마른 사막에 목마른 나그네가 손펌프를 발견했습니다.

그 옆에 붙여진 쪽지에 담긴 글.

"옆에 바위 밑을 보시면 물병이 있습니다. 그 물을 펌프에

부으면 지하수 물을 길어 낼 수 있습니다.

충분히 마시고 씻으신 후

물병을 다시 채워 바위 밑에 놓고 가 주세요"

그냥 마시면 마른 목을 채울 만큼의 물인데,

정말 부으면 물이 나오기는 나오는 겁니까?

혹시 아니라면….

곰곰이 생각하면 인생은 그런 선택들로 가득하네요.

무엇을 위해, 언제 어떻게 우리는 번데기로 죽으며,

무엇을 위해, 언제 어떻게 우리는

우리의 물병을 펌프에 부을까요?

무엇을 위해, 언제 어떻게….

무엇을 믿는다는 것은 두 가지를 믿는 것입니다.

진실한 눈과 힘 있는 손!

저희 막내가 나중에 커서 비행기 사 준다고 했는데,

그의 진실한 마음은 믿지만 그의 능력을 알 수 없으니
기대는 안 하고 있지요.
그런가 하면, 힘 있는 김정일의 약속이 못미더운 것은
그의 진실함을 모르니까요.
그래서 무엇을 믿는다는 것은 가능한 힘과 진실함을 함께 믿는 것.

꿈을 가지고 사는 삶은 곧 그것을 위해 선택을 하며 사는 삶을
말합니다. 그리고 그 선택의 과정은 때로 번데기 같은 죽음의
모습으로 다가오는데,
그럴 때 갖는 나그네 인생의 아득한 고민-.

이거, 진실인가?
이거, 진짜 가능은 한 건가?

숨가쁜 고민의 기인 그림자 너머
훠얼 훨 나비 한 마리 파란 하늘을 춤추며 가르는데,
우리 주님, 권능의 힘찬 오른손 그리고 사랑의 진실한 왼손으로
애타는 가슴들 따뜻한 품으로 꼬옥 껴안아 주시네요.